一個詩人的誕生

對他者的生命敘事

何日生——著

目次

推薦序

人我交融——利他行於文哲之間

羅國俊

初識日生，他是慈濟發言人，我因為任職聯合報，與他時相往來。時日既久，逐漸發現他的生命底色豐富多采，不同階段的歷練，都打造出一部分的何日生。

他首先是新聞人，主播、採訪都有優異表現，獲獎連連，我們同行，這一塊是我熟悉的。我與慈濟很有緣分，但未加入慈濟，日生雖是發言人，卻從不對我宣教。我只是在與他言談交往中，慢慢發現一個心高氣傲的新聞人，也可以變成謙卑的志工，為窮人、災民俯首服務的慈善人。

近些年，日生重回校園，拿到北大哲學系博士，且在哈佛、劍橋擔任訪問學者。我突然發現，面前的何日生又轉身成為學術人，這是我並不認識的何日生。

但仔細尋思，似乎也是理所當然。他高中時最想念哲學系，老師勸他，哲學系畢業餬口不易，因此念了新聞。在投身慈濟多年後，日生除了是溝通者、行動者，更展開對慈濟理念的理論化建構，他的兩本近作：《利他到覺悟》、《善經濟》，都是這方面的傑出貢獻。

慈濟的影響力無遠弗屆，我和慈濟人的親身接觸，可以感受到他們無私、熱誠的奉獻精神。我曾經有一位慈濟人鄰居，彎下腰默默整理回收物，為環保盡力；我夏日去花蓮精舍拜訪，這裡的慈濟人白天借助天光，不開燈、不開冷氣。這種種都讓人感動，而慈濟的行動，必須有理論的建構，才能以現代、普世的視野，將行與知緊密連結。日生在這方面的嘗試，對於慈濟的發展，無疑具有重要意義。

日生這本書，時光回到原初：他還是新聞人的時候，他的觀察與紀錄、所思與所感。經過這些年歷練，他選出過去新聞生涯的十多篇散文，文章依舊，但時隔多年，此時他為何而選，一定與他當年屬筆為文時，心境大有不同。

我的觀察是：

新聞常常是一天的生命，多年之後，這些文章火氣淡去，卻仍然可供今天的讀者游心寓目，時光一定沉澱下什麼具有恆久價值的東西。

日生是主播，但這些文章完全可與作家比肩，文字優美雋永，富有哲思，何止報導，已是文學。

日生說他一直喜愛哲學，這些文章寫的是他人故事，其實也是他青年時期追尋生命意義的過程。或許可以說，這些文章人我交融，是新聞紀錄，也可看成哲學散文。

日生這位慈濟人，含攝了新聞人、發言人、慈善人、學術人的多面折射，既分離又統一，色彩斑斕，又沉靜寧定。

日生的文采、視野，非我能及，但同為新聞工作者出身，我們似乎微妙地在同一道路上前行。我所服務的願景工程基金會脫胎自聯合報系，如今因公共化而獨立，願景工程想做的是：不只報導，還有行動。而日生在一次訪談中提及，當記者時只滿足於呈現事實，卻幫不了人，如今則是以行動投身利益眾生的事業。日生的利他，比我做得早、做得多、做得好，甚且以《利他到覺悟》作為博士論文。我「覺悟」太晚，但以友輔仁，向「利他」邁步前行，或許為時未晚。

本文作著為 願景工程基金會執行長

推薦序

新聞記者——社會的心理治療師

廖蒼松

第一次見到日生是在一九九五年，當時慈濟正在籌辦電視臺。日生是證嚴法師的弟子，曾是中視的新聞主播，從美國修習完碩士學位剛剛回到臺灣。日生與我、及慈濟王端正副總執行長一起思考規畫，籌辦慈濟人愛電視臺的模式與方法。那時候我就感覺這個年輕人超凡脫俗。

再見日生，他已經是超級電視臺《調查報告》節目的主持人、製作人，這個節目在當時深受好評，獲得有線電視金鐘獎，也入圍金鐘獎最佳新聞節目主持人；《調查報告》後來也入選國際艾美獎。

日生是一位很傑出的新聞人，一九九七年他結束超級電視臺的工作來找我，我誠摯歡迎他加入台視，並以唯一的主播職缺聘任他。進入台視任職後，日生先主持《熱線新聞》節目，之後也陸續製作很多優質的新聞節目；隨後又製作、主持《大社會》節目，該節目於一九九九年為台視拿到一座金鐘獎，獲得最佳電視新聞節目獎。

雖然日生擅長新聞節目，但我可以感覺他最喜歡的是深度報導，這也是為什麼他在《熱線新聞》及《大社會》做了很多獨家新聞，包括血友病患感染愛滋病、漸凍人等報導。在台視任職四年後，日生加入中天電視臺，擔任新聞部主管，也播報新聞，可以感覺日生對於每天的社會新聞內容，興趣不是很高，他是喜歡深度探討事情的人。

記得有一次，日生製作一則關於受虐兒的專題報導，針對是否透露消息來源，在新聞界產生了一些爭議。日生跑來找我，我跟他說：「這其實是你最好的時機，把理念講清楚。」他就投稿報紙說明不透露新聞來源的重要性，以及他在新聞採訪中所秉持的原則。

作為一個新聞人，日生的理念是很厚實強大的，他也把多年的工作經驗，結合新聞學術理論出版《建構式新聞》，希望新聞能朝向對社會有意義、有幫助，能同理受訪者、能為問題找答案，讓新聞界對整體社會做出正面的貢獻。

後來我轉往公共電視任職，日生還是經常跟我有互動，特別是在慈濟的活動裡，我的內人也是慈濟人。日生最後被證嚴法師徵召，全心投入慈濟。我常常在電視上看到他，作為慈濟的發言人，他表現得還是四平八穩，總是能夠把事情講得很清楚；我也知道在一灘血事件中，他是找到了一灘血的關鍵主角。之後在司法上日生也有做了很多的努力。

前幾年，日生拿到北京大學哲學博士學位，接著出國到牛津、劍橋、哈佛、哥倫比亞等世界知名大學當訪問學者，他的上進、精進、好學，在新聞界的確是難得一見。他出版的《善經濟》也獲選二〇二一金鼎獎年度優良出版品，可見日生是能說、也能寫。

日生這一本《一個詩人的誕生》，內容很多是出自《大社會》節目中他所採訪的對象，《大社會》在日生近四年的製作、主持之下，不只拿到金鐘獎，也為台視新聞關懷弱勢的理念，得到很充分的體現。他離開台視以後，《大社會》多次在台視重播又重播，可見這種關懷底層的動人故事，永遠都是受到大眾的偏愛與青睞。

《大社會》所報導的對象多是社會弱勢者，或是平凡的人，有不平凡的奮鬥過程，或是一些身居要職的人，能夠體恤底層的艱辛，為他們付出行動。這些都是我們新聞的基本核心價值，我覺得日生的確是把關懷大眾、協助社會的新聞理念，做了充分的實踐與表率。

如今他把這些故事結集成書，不只具有新聞報導的歷史價值，他的筆觸跟他的思想，也讓這些報導內容具備很高的文學價值，我相信他所傳遞的故事，那些受訪者的生命歷程，都是臺灣社會中你我身旁可以經常觸及的事蹟與感動。

新聞記者就是社會的心理治療師，「對於苦難，我們給予關懷，對於弱勢，我們給予扶持，對於困惑，我們給予解答，對於爭議，我們尋求出路」，我認為這一直是日生所秉持的新聞理想，他把這理想從螢幕沉斂為文字，匯集成書面世，與更多的讀者分享。

我作為曾是他的長官、長輩，也是資深的新聞人，我很高興看到有更多這樣的新聞故事與理念，在當今社會不斷展現，發揮新聞所應該有的價值和力量。

本文作者為　前臺灣電視公司副總經理、前公共電視總經理

推薦序

如山間吹來的風

撒可努（臺灣排灣族作家）

他的話語如山間吹來的風……在彼此生命的詩裡，我們相遇。

很久了，從我認識何哥的開始………。

那時候，他來採訪我，他是我見過來採訪我的那麼多的記者裡面最最用心、支持、在乎我的那個人。他不是那種為了採訪而採訪的人，通常記者都是採訪後交差就走人的那種，但他不是。

之後……似乎在我們彼此的身上擁有了一種很特別的情感，那種被在乎、被重視、被支持的獨特，一直到現在都讓我感受到。何哥帶出來的語言和話語，都如詩一般。有時候，我都會去想，為什麼他要那麼地認真、那麼地用力、那麼用心地來跟我說話？那種被相信——你是值得的，那感覺很好。這也在日後成為了我生活的態度。

何哥他就是詩人，當他同理知道你，他給你的語言和話語會讓你進入內在療癒的層次感，那是一種接近的永恆，靈魂會被打開的那種。那個時候的我跟他沒有任何身分或族群、地位的問題，也沒有你懂、我不懂的「以為」；是一種純粹的相識。我們似乎有一個可相對的共通，我們對文學、人文、人本是在同一個層次場，我說的他知道，他講的我會懂。

我都會回想每一次我倆相遇的場景，那如同是兩個詩人的相遇，我很喜歡在那樣子的狀態，被他說出很有營養的話語所澆灌，如同清晨般晶瑩剔透的語言召喚。我說他是詩人時，那是一種的投射，他也把我當詩人，當彼此就是詩人時，我們的說、我們的講、我們的聊，就是詩人的看見。

在我年輕的時候，何哥跟我說了美國金恩博士——馬丁・路德的故事；「我有一個夢」，轟動當時的社會，促成美國國會在「一九六四年民權法案」通過、確立了美國各州「種族隔離政策」的非法性。

他感動了我，那時候開始，當遭受權益的不公不義時，我會為自己的族群，帶頭用行動去支持實踐我們基本的立場，去傳遞在臺灣這塊土地的所有的人——我們是一起的，沒有排他和歧視，我們需要被重視、尊重、關心、愛護和理解，去傳達臺灣這塊土地，從來沒有拒絕任何一顆種子在這裡長大的包容概念。

「你是屬於世界的！」何哥的一開口就把我說得很大、很大，我心裡不自覺地懷疑：「是嗎？」接下來他用了一種我很能聽得懂、是屬於我的國度的自然語法：「你要流向大海，不要眷戀在自己的河道裡，有一天它會乾枯；到大海裡去，去告訴更多的人你是從哪裡來的。」

我開始有了去營造、打造的起念，要送給未來孩子身上會有的特質和屬於他們被世界看見的資產：

第一件事，就是要對人很好。

第二件事，要有美感，那是要來自人文跟自然的底蘊。

第三件事，我們要對我們的環境和土地有感，土地是跟孩子借來的，這三件事也是送給世界的禮物……。之後還要還給他們了。

我一直想問何哥，你哪來的相信，會啟動我成為真實——我必須要說語言的「語言」，不只是好聽，是一種穿透力和召喚感染的引路。

最近的一次他來看我，是在我房子燒掉兩年後的一天，他知道那棟房子對我的重要，有很多重要的東西和美麗的回憶。

那天下午，還是一樣的他，那樣的佛性菩薩心，那樣的簡單，那樣的氛圍，又是詩人的相遇。何哥說：「我來看你，你的事我一直知道。」離開前，他很認真地看著我跟我說：「你發生的事，『它』難不倒你的……我要跟你說詩人魯米的詩：

『不要悲傷。你失去的任何東西都會以另一種形式回來。』

『你正在尋找的東西也在尋找你。』」

那首詩從他的口中說出……我差點崩淚出來。的確，這兩年我是最有感的，就如何哥說的詩一般，失去的東西正用另一種形式回來找我。

何哥他就是詩人，他總是知道在什麼時候去說出可以替別人引路前進的話語，而那樣子的話語，如黃昏在山間吹來的風，會把你吹醒；又像清晨的太陽光，灑在你的身上把你喚醒般，他就是這樣……。

只有詩人可以在空氣中嗅覺到、找到你也是詩人的味道；而這種味道是屬於良善、有故事的。《一個詩人的誕生》，他是被尋覓、是被重視的。唯有如此，誕生的詩人，才會被看見，他們的故事方能滋潤帶來平和安寧，面對現今多元複雜詭異的社會。

很久了……跟何哥的情感依然沒變。過去的排灣族老人說：「那種說話很有力量會搖動你的人，就是在前面提燈引路的人。」

於二〇二二年一月三十日清晨

本文作者為　獵人學校創辦人

推薦序

生命交會的激盪

陳慧翎

每次受邀分享職涯經驗，我都會提到，截至目前為止，我從來沒有寄過履歷，自己找過工作，大學畢業之後接連的兩份工作都是何日生老師幫我安排介紹的。在台視新聞部《大社會》節目擔任執行製作和老師共事一年，之後便到了慈濟大愛電視臺，一待就是九年，也因為這樣的因緣，我和老師一家人非常親密。何老師只教過我一門兩學分的選修課「電視新聞深度報導」，但在那之後的人生課堂，他教我的不只是對知識無止盡的渴求與面對困厄艱難的大智慧，更重要的是對每個生命個體的同理與尊重，並珍惜緣分相聚的瞬間。

《大社會》所採訪的對象散布在社會各個角落，有些人遭遇了重大的生命挫折或考驗，卻還能堅定意志繼續前進；有些則是遭逢了不公不義的對待，他們可以為了信念、為了公道，不惜一切持續奮鬥。初出社會的我，在採訪的過程中都像是一次次的震撼教育，依我當時淺薄的生命經驗，在面對受訪者時常有太多的疑問，用粗暴直白的說法，可能在一般人眼中或許他們都是瘋子，都不是正常人。但在透過何老師或其他記者們的引導訪談中，這些受訪者往往會卸下層層武裝的盔甲，在鏡頭前赤裸裸地表述內心最傷痛的刻痕、最脆弱的一面。而透過這些訪談和紀錄，最後呈現給觀眾的不是譁眾取寵、灑狗血的速食新聞，而是能讓觀者去同理、去思考、去理解的深度人物報導。就像何日生老師在書中所寫下的每一個受訪者與採訪者之間生命交會的激盪，那是一種良善的傳遞，關於愛的能量交流。

不管在我後來的紀錄片或是戲劇的創作中，這段日子所獲得的，一直是我充沛的養分和力量，而這些最初的最初，都來自於何老師的善念和惜情，我相信在細細閱讀這本書中每一個故事的讀者們，也都一定能感受得到。

本文作者為　金鐘獎戲劇導演

1 一個詩人的誕生

一個溫和的男子，一顆沉靜的靈魂，是海洋文學作家廖鴻基給一般人的印象；而藏在平靜外表下的他，卻有一顆對生命炙熱的心，這股炙熱曾讓年輕的他憂鬱、奔波、甚至漂泊。那一股熱切，一如他一向戀棧的七星潭的海浪終久不歇，從他的童年一直引領他到達文學創作的源頭。

一九九八年廖鴻基以《漂流監獄》成名於臺灣文壇，大家稱他為海洋作家；對文壇不甚熟悉的我，並不知道廖鴻基這個名字和文學家連在一起。這一天，台視新聞部我所屬節目《大社會》的執行製作告訴我，她要做廖鴻基的故事。「廖鴻基」，我說：「這個名字我很熟悉，他是十年前的好友，但，是他嗎？」我心裡納悶著。執行製作幫我打一個電話給廖鴻基，問他是不是我認識的那位「二哥」？

就是「二哥」！他就是我早年結識的那一位苦悶的上班族、一個不為人知的詩人、一個對生命抱著憧憬卻未能找到出路的年輕爸爸，那個心如海洋一樣透明的丈夫，守著一間小小公寓，和他的夢幻溫柔的妻子、聰明伶俐的小孩，經常編織著未來人生的種種美好。偶爾他們會拿廖鴻基的詩給我看，由我朗讀給他們夫妻聽。

他是一條魚，一條深沉靜默的魚，翻身可以驚波濤，一條在深海靜默的魚……母體裡的輪迴不過彈指瑣事，生命的內斂才是千萬年的修行。

這些詩句已經三十年了，那是一九八五年我正在花蓮服兵役。我沒有他的手稿，但文字的魅力及情緒彷彿依然深印在我心。我不知道這是對詩的懷念，抑或是對回憶的沉緬？那是一個夏日的午後，一個在服兵役的青年，對著一個未來的文學作家朗讀他未成名的詩句。時間深深地掉落在回憶裡，一如海的波峰抖落，深深地潛入海底的靜默處，伺機等候，下一次不可知機緣，讓它再度地湧現，在波光雲影的曼妙裡。

海浪拍打著東海岸，一如它千年不變的節奏。我們的車子穿過長長的彎道，驟見寬闊的海面，車子急駛著，思緒隨著車速穿過長長彎曲的花東海岸公路。這是很熟悉的記憶，花蓮的海浪還是一樣的炫麗迷人。天空把雲壓得低低的，緊靠著海的盡頭，每一道波浪打在海上，像是令人悠然神往的調子，吹奏著跨越時光的歌曲。

廖鴻基的家，仍舊是在火車站附近的那一棟公寓，將近十五年了，原先光鮮的公寓已經老舊了些許。上了樓，那是熟悉的階梯，他們家是在三、四樓，算是這一棟樓的最頂端，兩層都是雙併連通的公寓。上了樓梯，往右邊就是他的父母及妹妹住的地方，往左邊的公寓是過去廖鴻基和他的家人的處所。

紗窗略沾灰塵，樓梯間多了許多的雜物，牆壁也有斑爛的印記，有些許歲月的痕跡了，正如我內心塵封已久的記憶，喚不回，但也揮不去。

他的母親出來打了招呼，她過去對我是十分關照的，每次休假就到他家用大餐，他媽媽會煎我當時最愛吃的魚（當時我還沒有吃素）。

他的妹妹北上了。聽廖鴻基說，妹妹現住在臺北，偶爾會回家來。進了廖鴻基的家，一切都已經改變了，他妹妹經常彈奏的鋼琴已經不見了，地下擺滿了鯨豚保護的照片及資料。想不到當年眼中最美的夫妻檔，也隨著因緣各奔東西了。

為什麼二嫂沒等到廖鴻基的這一刻呢？這不正是他的妻子一直等待的一刻嗎？等待他成為家喻戶曉的知名作家。為什麼在他成為文學作家之後，卻見不到二嫂的身影呢？我淡然地思索著這一個我不好去深究的問題。然而還是難掩內心驚訝及悵然！

然而又有什麼好驚訝呢！這屋子裡的曾經的我不是也改變了嗎？當年我熟悉的人如今又芳蹤何處呢？當年這屋子裡的琴音仍舊依稀，她的笑聲還隱隱地在空氣裡飄蕩著；記憶中，她拿著「二哥」在海釣中所激發的新詩給我看；我朗讀「二哥」的詩底身影，好像仍在屋內的飯桌那一頭佇立。但一切景物都已經全非！

人畢竟是有很深的適應力，任何的變遷對人來說都是可承受的，因為我們總是把不捨、把抗拒改變的心，用回憶深鎖，就像一個裝滿祕密的寶盒，戴上鐵鍊，往深海裡投；表面上陽光海水依舊燦爛，直到一次機遇來臨，讓我們的心又碰觸海底，才會激起那久經鏽蝕的熟悉的甜蜜。

同樣在花蓮從事海洋保護的楊研究員對鯨豚保護深具熱情。當時廖鴻基一個人跟著漁船在海上當漂流漁夫。楊研究員在一次訪問廖鴻基的因緣下，認識了彼此，有志一同，一起研究鯨豚及致力於東部鯨豚的保護工作。他們當時共創黑潮文教基金會，針對青年及兒童推廣鯨魚及海豚的保育工作。

在七星潭海邊的浪頭前，我們找了一處景點架設好機器，開始進行訪問。

「你什麼時候開始和海結下這麼深的緣？」

廖鴻基說：「小時候，阿嬤常帶我來海邊，我從此就愛上海。」每當沉鬱的日子，他就會流連在海邊。有時候，一小時，有時候，一天、一夜，他逕自地在海邊走著，一直走到海的盡頭。其實海當然沒有盡頭，正如年少的憂傷是沒有邊際的；但是他讓寬廣的海，吸納他的憂愁，撫平他的哀傷。

當時的廖鴻基是在水泥公司上班，在水泥公司上班的日子是苦悶的，苦的並不是朝九晚五，苦的不是每天過著機械式的生活，而是人性的不單純，而是生活中少了那一份讓我們可以縱身一試的創造力，少了那一份人和人之間的互愛疼惜，一切都是跟利害有關。

廖鴻基在職場的表現其實是傑出的，但也因此遭來許多的忌妒，他不善處理人際，他並不是得不到上司賞識，而是因為很容易得到賞識，所以才招致許多工作的困難。那一年他參加職等技能考試，他第一個交卷，成績是相當好的。但正是如此，他變成許多人眼中的「對象」。他必須不斷地因誤傳，因為其他人的報告要向上司解釋，每一次他也都得到正確的理解。但情況並沒有改善，幾次下來，他不想解釋了，他逐漸地在辦公室不想講話了，靜默了，他終於讓大家放心了。而他的生命，也從此落入機械式的、單調的、沉重的步伐中。

在那個蒼白的歲月中，他仍謹守著靜默，做個好員工、好丈夫，規律地生活著。除了在下半夜，他騎著單車，獨自來到海邊，拉起勾線，任由思緒隨浮標往海中拋去。心如浮標，能感受，卻看不見，向黑色之海沉浮。

幾千個夜裡，廖鴻基孤獨地面對黑色的太平洋，像是企望黑夜的海潮淘洗他的憂鬱，像是趁著夜闌人靜，靠近生命的母親，像是對著此起彼落的海浪訴說著白日未竟的話語。那個時期是廖鴻基詩的創作期，三十多歲的生命，在海的聲浪中消融、轉化、清醒。

海是看不見的，它的本質不是亮麗的表象，海自有其生命，在黑暗中，更能聽到綿密的喃喃自語，那不息的聲響，傳遞著生命深切的奧祕。

在那個時期的廖鴻基寫了不少詩，但都沒有發表。那是苦澀的日子，他探索人生的出路和自我的方向。他像是一隻亟欲飛翔的海鷗，企盼到海的另一端，但卻只能停佇在沙灘。畢竟他必須養家活口，他必須維持一份人稱穩定的工作。

廖二嫂在記憶中是一位看起來很柔，但卻也是很有個性的女子。她不喜歡世俗的教學環境，堅持自己帶孩子，自己教她念書。女兒極聰明可愛，像媽媽，總是若有所思地看著人家。二嫂希望廖鴻基能真正實現人生的理想，成為一位文學作家。我總說二哥一定會的。自從一九八六年我退役之後，離開花蓮，幾乎沒有再和二哥及妹妹聯絡，十多年過去了，我依然記得二哥的詩、二嫂的側頭顧盼、妹妹悠然的琴聲和經常綻放的開懷笑容。

「我去了東南亞，在那裡和朋友投資養蝦。」海潮聲伴隨著他的話語，我仔細聆聽他的心。

那一段日子，經常在傍晚，他會走到海邊，遙望著天海的交際，想念著臺灣，想念著遠方的家人。幾年過去了，異域的日子是單調重複的。但是身處異鄉所需的奮鬥和毅力，卻豐實了他心靈的臂膀。思鄉之情加上內心長期的抑鬱，正逐漸積累醞釀成一股更大的波濤，等待著一次盡情的沖擊。

花蓮的山召喚遊子的孤寂，從遠處望去，高聳的巨嶺就像母親把你緊緊地擁在懷裡。廖鴻基回臺灣了，他加入了群眾運動，推動花東一帶的環保，他參加了反對花蓮擴建水泥廠的計畫。每當看到翠綠的山頂上，有了一條條白色的抓痕，他總是感慨大山遭割裂的痛。環保運動如火如荼地開展著，沒想到一個靜默溫和的人，搞起反對運動，比任何人都還更具堅毅和勇氣。

逐漸地，反對運動變成了政治活動，他開始協助政黨的各項公職選舉，環保理念的推動變成政治的勢和力。透過立法解決環保議題不是再理想不過的嗎？但漸漸地，當選舉變成誰當選、誰不當選的政治遊戲之後，廖鴻基的心又開始試圖尋回他真正的自己。他尋求離開政治圈的方法，也一如他離開一切的虛假及苦悶之道，還是投向廣漠的大海！

廖鴻基選擇當漁夫。他認為一個最好的方法，不必向朋友說不，又要讓大家找不到，就是去海中。出海捕魚一趟就是好幾個星期，沒有電話，沒有蹤影。漸漸地，他離開了政治圈，他再一次尋回他的尋找！

「前三個月，每天都在吐。」廖鴻基說。適應海上的日子，一開始是艱辛的。

過去總在沙灘上看海，從未這麼接近過它，體會它的變換，了解它無常的威力。廖鴻基說，這是海給人設下門檻和考驗，你要能通過這個試煉，才能真正擁抱、馳騁在它的胸懷。

海浪隨著賞鯨船的馬達激揚！我們跟著廖鴻基和黑龍船長，一起出海體會海水中的鯨豚之美。船行超過二十分鐘，廖鴻基手握著麥克風，指著前面一大片飛騰的浪花，黑龍船長疾駛過去，那片浪花正是一群海豚飛揚起來的，船上乘客歡呼鼓掌。廖鴻基站在船的高處，解說著海豚的生活及出現的時機。他說以前出海捕魚，常看到一大群上千隻的海豚在海面上起舞，有一次甚至被一大群海豚給困住。幾小時之後，牠們才陸續離去。牠們在交友，人類和牠們的生息，透過洋流傳遞著彼此的善意。

那鯨魚呢？廖鴻基說，鯨魚更不愧是食物鏈中的最高階，牠沒有天敵，有一次座頭鯨從遠處看到漁船，就筆直地游過來，跟我們玩了很久。「第一次看到鯨魚的感覺，很震撼。」廖鴻基說著，臉上流露出我以前很少見到的開懷的笑容。海的際遇對他來說，比和人的相遇似乎要壯闊和優美許多。

從當漁夫開始，他總是利用閒暇，帶本筆記本，開始寫下他在海中的奇遇。他坐在高高的船桅，遠眺海面，寫出一篇篇海上漂流的生活。有一次他在船尾上看到一隻魚，被困在一個簍籠裡，仍奮力地向前游，他於是寫出了《漂流監獄》。

「人又何嘗不是這條困在簍籠裡的魚，天地如此之大，卻困在小小的柵欄中。」但是，生命的自由還是在內心。每一個人的一生不正是如同這漂流的魚，你認為你是在牢籠裡，那你就是在牢籠裡；你認為你在海裡，那你就是在海裡。即使在海裡的牢籠裡，你還是在海裡，一切只是觀念而已。

就這樣，廖鴻基繼續向無垠的大海尋找生命的歸宿？在不斷的漂流中，尋覓心的航向？

那一年，楊研究員來採訪他，她預備見的是一位漁夫，想詢問他在海中碰到鯨豚的豔遇。就這樣他們結識了。廖鴻基和這位一樣懷抱對生命憧憬的女子開始了保護鯨豚之旅。他們和黑龍船長共同創了一家賞鯨船公司，帶著孩子們出海去，體會鯨豚在海中的自由和非尋常的美。黑潮文教基金會的成立，使得廖鴻基在海洋保護的領域也逐漸成名，他應邀四處演說，講鯨豚之美。他繼續寫文章，表達對海的感情及反省。

廖鴻基在每一個生命的轉彎處都選擇了自己，他沒有媚俗，沒有屈從現實，也沒有軟弱，一條長長的彎路，終於引領他回到童年的初遇。

他找到他的尋找，竟也是在原點。

他的一生彷彿就是海；而海，也成了他生命中最大的奇遇。

或許一切的因果早就確立，或許生命為我們安置的處所早已預備；我們攀越山嶺，跨越海洋，為了打開它的謎底，但最終發現，謎底竟是這一趟際遇的生之旅。

【後記回顧】

很久沒有看到二哥了，二〇〇二年我因為投入慈濟，全家搬到花蓮住，至今已有二十年了。有一年，有一天，我與二哥在花蓮街上相遇，他騎著單車，一如往年一樣的恬淡適意。他說起話，總帶著那種靦腆的表情。我問他，家人好嗎？他說媽媽過世了。我聽了內心很傷感，我應該去看望她的。記得那一、兩年，我常常在他家的時日，他母親總是對我很好，她的話不多，總是帶著溫暖的微笑，你不會忘記那份真誠柔軟的情意。歲月總是留不住的，或許文字比起生命更為永恆。因為文字本身就是生命；文字是生命永恆缺口的修補師；對於追求完美的人，文字是他生命的出路；對於懷抱人生憧憬的人，文字是他最後的救贖。

2 她輕柔如鵝毛

生命自發的火焰，或許不及照耀大地，但是卻能在幽暗的歲月中溫暖自己。

她潔白輕柔如鵝毛，像一片飄在空中的羽，自在地隨風起伏，從容悠遊。即使歲月的痕跡盤繞她的髮梢，可是從神色看起來，她一如當年那位神采奕奕、平淡又堅毅的文化創作者，很難看出在她平靜的面容底下，歷經多少的折磨和創傷。

當我第一次看到崔小萍導播，我內心升起一股油然的敬意，那敬意，親切、尊崇又神祕。

三十年後，那是第一次，我攙扶著她重新走上中國廣播公司的階梯，它已經改成二二八紀念館，內部的裝潢已經重新配置，新粉刷的牆，透著新時代的光輝，但是光鮮底下隱藏不住歷史殘酷的印記。她的雙手握著我，一步步蹣跚地走上階梯，我可以感受到她內心的激動難抑。從那一年她莫名地被調查局約談，接著以莫須有的罪名監禁，她的歲月、清純、才情在無休止的牢獄之中消磨、隕落。

「啊！三十年，一切都變了。」她輕輕地嘆著，微微顫動的雙手，讓我感受到一股巨大的痛楚，一個永難抹滅的哀傷，那個哀傷要用一輩子來淘洗，那痛楚即使經歷世紀之後，仍然不被遺忘。

一九六〇年代正值美國麥卡錫的白色恐怖主義時期，一個來自明尼蘇達州的參議員因為在冷戰時期提出一個驚悚的理論：「共產黨不在蘇聯，而是潛伏在美國境內。」他舉辦聽證會，整肅批判那些具有社會主義思想，或具有共產主義朋友的文化界人士，許多人因此入獄甚至自殺。這個白色恐怖主義的風潮從美洲大陸一路跨越太平洋，抵達位在紅色大陸邊陲的臺灣，崔小萍的際遇，不過是當時諸多充當白色恐怖主義祭品裡的一段小插曲。

在那個大家都還是熱衷聽廣播劇的年代，崔小萍的聲望如雷貫耳，她的廣播劇深受聽眾的喜愛，她導戲出了名的嚴格，演員們都很怕她，但對於這位老師都相當地敬佩。她自己創作劇本，導廣播劇也編舞臺劇，對於她來說，戲劇是她生命的最愛，她在戲劇中透析人生，感受生命的各種曲折起伏，她一度認為這就是她的一切了。

一個單身的女子、一個熱衷創作的文化工作者，埋首在錄音室此起彼落、井然有序又高潮迭起的聲音旋律之中，她怎麼也沒有想到，白色恐怖的巨大腳印會貿然地踩進她小小的錄音室裡。

那一天，她一樣準時八點半到達中廣上班，一進門，門口的警衛就告訴她，有朋友在會客室等她。她正納悶著這麼早有誰來拜訪？一進會客室是兩個英挺的男士，他們表明是調查局的幹員，有事想請她到局裡走一趟。她不以為意，只是簡短地回答說，她今天有很多的行程，是不是可以下了班再過去？兩位年輕的幹員說，只需要耽誤她很簡短的時間，希望崔導播能夠立刻跟他們過去。

她向同仁交代了一些事，就和兩位幹員走出中廣大門，這一去就是十七年的歲月！

她被指控是共產黨員。

到了調查局的當天，他們態度客氣禮貌，給她進行一連串詢問，從她的出生、童年、到求學期間逐一地探尋。到了晚上，他們給她用了簡單的便當，然後告訴她，天晚了，妳住一夜吧。她只好住下來。結果不一會兒工夫，一位女性幹員過來要她脫下衣服。

她說：「我為什麼要脫下衣服？」

幹員回答她：「讓妳換一換衣服。」

她抗拒著。

「妳要自己脫，還是我幫妳脫？」

她只好說：「好，我自己來。」

於是，她就開始哭。

「我到那時候還不知道他們要關我。」

「我真傻。」她回憶說：「是我自己走進去讓他們關的。」

就這樣一天天地過去，在調查局裡面，崔小萍一天一天地接受審訊。三個月過去了，調查局一直沒有能得到確切的證據，證明崔小萍曾經是共產黨員。唯一的一個可能線索，是她曾去陝西看她的哥哥，路上有很多的紅軍。就這樣在供詞中寫上了她到陝西去參加紅軍青年團。

但是要定她的罪，還是需要她自己俯首承認。崔小萍的心防很堅強，調查局幹員們始終無法突破。於是幹員們開始運用心理戰。

「他們刻意告訴我許多共產黨活動及顛覆的故事，好讓我在日後寫自白的時候有素材可以講。」他們先行植入不屬於崔小萍的記憶，至少是灌輸她一些共產黨的知識。寫起自白來，才能夠很自然。

植入過程完備之後，剩下來就是如何讓崔小萍拿著他人的故事，招供自己的罪行。

半年過去了，崔小萍始終不就範。在這一片黑色幽暗的巨大世界裡，她堅守她的心，她的清白。

但是一個偶然的聊天，讓她開懷了。她好像碰到一個願意聽她說話的人，他好像是一位知音，一個朋友。在長期的心靈禁錮之後，她打開心底的鎖，她逐漸不設防了，這個友善的聆聽者，好一個朋友，竟決定她往後更坎坷的歲月。

「他是一個大陸投誠來的幹部，長得一張長長的馬臉。」崔小萍回憶說，他和其他人不一樣，他不逼她。「他看起來更像一個朋友。」

他聊起他在大陸的往事，兩個人說說笑笑地過了幾個鐘頭，過了好幾天。就在另一次讓她十分放鬆的聊天中，那位馬臉似的幹員跟她說：「妳就隨便說說，不打緊，他們會放妳走。」

於是崔小萍在沒有戒心的情況下，在被幽禁六個月的漫長煎熬中，在那一種貌似朋友的氛圍下，她運用那些聽來的故事做題材，說出自己的虛構罪行。

那些說詞通通被做成筆錄。

隔天，那一位大陸來的幹員，拿著前一天崔小萍說的筆錄要她簽字。崔小萍大為震驚。她說：「你不是講只是隨便說說？」

「胡說！」那位馬臉幹員拍桌大罵。

「這是昨天那一位貌似和善的朋友嗎？」崔小萍的心徹底碎了，瓦解了。原來她如此地孤立，如此地脆弱，任由這個龐大無情的體制隨意宰割。

她在監獄中，度過幽黯的十六年。那十六年的生命像是靜止了，像是停佇在一個長長的、蜿蜒的溝渠，沒有盡頭，沒有左顧右盼的風景，四周盡是溼冷的涼意。

但那十六年，終究沒有像在調查過程中那麼地折磨，那麼地受盡凌辱。歷史經常選擇凌辱、屈服那一些純淨的文人，為統治的快意作最具體之明證。只要她屈服，只要她關進去就好。在獄中的對待是好些，她教書，教獄中的同袍編劇，大家向她學習寫作，大家還一起演戲。她也算樂天知命。

十六年足以讓一頭烏黑的頭髮揉得灰白。解嚴了，政治開放了，許多因政治迫害的政治人物及文化人也一一被釋放出來。

早在我進入台視主持《大社會》之前，我在中廣的歲月就聽到前輩閻大衛和我說，他要去看一位廣播的前輩崔小萍。大衛兄向我大致說了崔導播的遭遇及傳奇，我看得出大家對她的崇敬。即便大衛兄並未和崔導播工作過，但是聽到她的名字，大家還是油然地升起敬意，那敬意直接從大衛兄的眼神透露出來。

將近十年後的那一天，當我見著崔小萍導播，我的內心一樣興起油然的敬意，但那敬意並不讓你畏懼，相反地，她是那麼樸實柔和，她潔白的外表絲毫看不出生命有經歷磨難的痕跡。

只有當她敘述那一段艱辛歲月的時候，才可以看到她嘆著重重的長氣，那長氣是隱沒在靈魂深處永遠無可抹滅的印記。那印記，透露著一個真摯的靈魂，困惑著生命的無常，那印記，記錄著一個深負良知的文人，在大時代的壓迫下，如何以自身對生命的絕對熱情，度過生命黝黑深邃的長廊，從她眼鏡底下的光芒，我看見一個文化人可以不經由創作，而是以自身的生命為火炬，在最絕望的黑暗中，溫暖並照亮她淒冷的夜晚。

現在的她，三餐多半都是吃白饅頭，崔小萍在她的公寓裡告訴我，是啊！她的食物、她的歲月、她的心，一如她的肌膚，都一樣地潔白。歷史的醜陋，竟一股腦地在這麼一個純淨生命上顯露。

出獄後的崔導播住到臺中，在青年中學教戲劇。許多過去知名的資深電視演員都是她學生，也時常來和崔老師小聚。在他們眼中，崔老師是最嚴格的一位好老師，她教出的學生都在電視界嶄露頭角。

雖說三十多年的戲劇創作空白了，但是她的一生不正是戲劇的本身；命運為她撰寫的篇章，比起真實的戲劇似乎更曲折、更迷離、更豐沛、也更為不朽。生命的幸與不幸，竟如此弔詭！

一個創作戲劇的人，演出自己一生最曲折、最艱鉅、最莊嚴的戲劇。她沒有向不幸低頭，也沒有向冤屈臣服，一種自身巨大的生命力，引領她度過一切的厄運，最終走出自己的戲碼，給予一個曾經不幸的時代，留下一個永遠無法抹滅的堅強印記。

【後記回顧】

一個生命可以這樣被消磨掉，這是我當時訪談崔小萍導播的遺憾與感觸。命運剝奪了她成為大導播的連續生涯，但是卻造就了一個文人面對苦難所保持的堅貞志節。這很像《聖經》中的〈約伯受難記〉：說明人承受福報是一種恩典與榮耀；承受苦難也是一種恩典與榮耀。從某些角度言之，崔小萍作為一個白色恐怖的受難者，似乎比一位傑出的導播更為永恆。雖然這從來不會是她的期望；這是生命的一場試煉，她通過這試煉，她保持對於生命的熱情與忠誠，歷史終於還給她應有的尊嚴與尊崇。

二十多年了，她那一張平靜無波又抑鬱淡然的臉龐，一樣躍現在我腦海。看著她，曾默默地承受著二十多年的禁錮，與之後的所有苦難。這種堅毅與果敢來自天生的韌性，也來自她對人文的那份熱愛。人文不只在作品，她自身就是一齣可被永久傳頌的人文作品。她證實，我們的心才是自我的主宰，任何的權力與傲慢都無法剝奪這股永恆的力量與不絕的泉源。同樣是中廣出身的後學，以本文再次悼念與尊崇生命的勇者——永遠的崔小萍導播！

3 山與海的交界

在山與海的交界，住著一群樂天知命，柔韌又艱辛的子民。
曾經，生命像花田的雨露，際遇，像風中的蘆葦。
但祖靈的愛，依然迴盪在山與海的交界。

一、拂曉

花蓮豐濱，是被一群蜿蜒的大山所切割出來的一塊狹長的緩坡地，山勢峻峭，逼臨著無垠的大海，形成一種優美又壯闊的氣勢。原住民的祖先，幾千年前就到這裡落腳。對他們來說，山是生命的源頭，而海是靈魂的歸宿，在那無人細數的悠久年代中，歲月，像海的潮汐，千年不變；死亡，像山中飄零的落葉，那樣地自然；而生命，亦如海浪的起伏，掀起歡樂、也掀起痛苦。

清晨三點多，農曆十六的月亮顯得特別地圓，斜照在海面上，和天邊盡頭那一絲若有似無的霞光交融著，盪漾出銀白的浪花，令人分不出是月光或是霞光。潮水拍打著海岸，編織出一層薄薄的水霧，三月清晨，空氣中仍然透著一股寒意，新發的秧苗在曉霧中等待著春暖。世代以來，花蓮豐濱一帶的噶瑪蘭族及阿美族的子民，就在這樣的清晨中醒來，然後耕種、打獵、捕魚，千萬個日子靜靜地過去了，什麼也不曾來驚擾他們。

那是一九六六年的春天，新社村的潘宛老已經兩夜未曾闔眼，他不時拿著毛巾擦拭著太太理性（Li Shin）的額頭，不時掀開麻被，注意理性是否還在出血。理性痛苦的呻吟聲，在清晨的寧靜中顯得分外淒厲，已經生產了兩天，再不送醫院恐怕是保不住了。

老潘回頭看著熟睡的幼兒們，噙著眼淚，難捨地摸摸他們的臉，他避開理性的眼光，擦拭淚水，然後立刻起身，拖著疲憊的眼神，跨著踉蹌的步伐，走了幾十步，停在一個茅草屋前，急促地敲打著門。陳文謙在睡夢中被驚醒，開了門，驚異地看著老潘的神色。他知道情況不妙：「我馬上來！」陳文謙轉身進屋內，抓了一件衣服，他的太太從床上不安地探著頭，兩人交換了一下的眼神，憂悒，凝重。

海風吹著蘆葦，蘆葦花回應著早春的美意已經全開，在月光下，一如夜裡的訪客，頻頻向人招手點頭。李烏吉三點不到就起身，和老公趕路，從東興部落到新社也要走上半個小時。姊姊理性生了兩天，昨夜來通報的人也未說明究竟情況怎麼了，姊姊會不會在天亮前就生了呢？還是……前兩胎不是都很順利嗎？怎麼會……李烏吉暗自揣忖著，在澹然迷濛的微光中，繼續快步地趕路。一九六〇年代，從東興到新社只能靠著海邊這一條寬幅約三十公分的小徑，四周芒草、蘆葦長得比人還高，月色逐漸稀薄，似乎已經預示著晨曦光明的到來。李烏吉在前，她的先生落在十多公尺後面，兩人默然不語。

此起彼落的浪濤聲接續地拍打著，像是亙古以來的詠嘆，也像是生與死的預言，水波在沙灘上流連，唏唏嗦嗦地嘀咕著，似乎一點都不知曉、憐憫夜行者內心的焦急。潮氣輕落在李烏吉的臉上，像是跳躍的音符，冰冷、無知地敲打在憂懼的臉龐；在拂曉前的黑暗中，海潮聲把整個山頭、大地都吞沒在它無止盡的吟唱中……。

在新社的山腳下，一處茅草搭蓋的民宅，緊挨著河邊，那是距離理性的住處不到一百公尺的山下，理性的養子潘武雄一早起身，看了熟睡的妻子林世妹一眼，起身走到廚房，從水桶裡添了一瓢水，隨便抹了抹臉，穿上一件薄長袖，把山刀繫在腰帶上，他的動作很輕，怕驚擾到還懷著身孕的妻子的睡眠，畢竟媽媽理性的事，不可以讓妻子知道，以免傳染、觸霉頭。

和世妹結婚已經兩年，這是第二胎，希望生的會是個男孩子。潘武雄輕輕地掩上門，快步往山上走。潘武雄是潘宛老的養子，爸爸嫁給理性（阿美族的招贅）已經六年，生了兩個弟妹，沒想到第三胎這麼不容易。送到醫院路途遙遠不說，不知道得要花多少錢？去年冬天收成的稻子，年還沒過，債主早已經把穀子都拿光了，還能剩多少錢呢？

爸爸的家，距離自己住處往山上不到三分鐘的路途，兩年前自從阿嬤和繼母理性大吵之後，他們就分家了。武雄和阿公、阿嬤一起住，爸爸和理性住在山上。潘武雄沿著家裡的河道往上走，河水冰冷清澈，他打著赤腳，溯河前行，山頭在微弱的月光籠罩下，輪廓逐漸清明，深藍的樹林，像是著上黑墨未乾的畫紙，有著溼透的寫意。

不一會兒工夫，他來到爸爸的屋子前，看見陳文謙已經用竹子在編織坲落（竹擔架）。潘武雄站在門口，消瘦的臉龐凝視屋內一角，爸爸潘宛老正在幫媽媽理性收拾簡單的衣囊。武雄接著拿起一根竹子幫忙陳文謙編織坲落。他們以兩根竹子為一單位綁在一起，每兩根竹子之間間隔有一個手掌寬，他們以十字交叉的格子狀，依序編成一個躺椅似的擔架。

「妳怎麼不再努力一下？」李烏吉手握著姊姊，話才說出口，淚眼已經滑落，理性看到妹妹出現，情緒更是激動起來，抖動的身體和不斷的呻吟聲，讓她看來極端痛苦。「我已經努力兩天了，我真的沒有力氣了。」理性抽搐著回答，「這幾個月我都只能吃煮熟的香蕉，實在沒有力氣。」「那送醫院有一段路，妳要挺得住，無論如何總要把小孩生出來。」

李烏吉翻開姊姊蓋著的一床薄麻被，看見姊姊正流著血，部分血跡已經凝固，孩子的頭已經露出來，可以看見清晰的頭髮。李烏吉傷感地拭著淚水，眼見孩子就要出來了，怎麼會這樣子呢？潘宛老從屋外走進來，疲憊又焦急的眼神透露著很深的不安。「可以動身了！坲落已經編好了。」陳文謙和潘武雄以及理性的表弟一起把坲落平放在地上，潘宛老用一床薄薄的麻被鋪在坲落上，潘宛老及潘武雄合力將理性輕輕地移動，在眾人合力下，理性已經躺在坲落上。

六歲的潘金田在睡眼惺忪中醒來，看見大人忙進忙出，他的神情懵懂而無助。李烏吉走到床邊，要潘金田再躺下，催促他趕快睡覺。她拍著潘金田的背，眼神不時看向躺在坲落的姊姊，潘宛老已經準備就緒，手裡拎著一袋簡易的衣服，到醫院也要住個幾天吧！潘宛老的家這時候擠進更多的人，陳文謙的弟弟和太太，鄰居嘎灶的太太也一起過來探個究竟。

在眾人的關懷寒喧中，理性暫時忘卻難產的痛苦。畢竟這是一件喜事，不是嗎？原本就是應該這麼多人來祝賀，不是嗎？理性的時空錯置了，欣喜的言談充滿屋中，趕走了原本孤獨時的淒涼，一股迎接新生兒的喜悅之情，在小小的茅屋裡點燃了。我快生了嗎？就要去醫院了，應該欣喜才是？理性低頭看到小孩的頭髮已經露出來了，希望在眼底浮現，而眉間滑過的那一道皺紋卻述說著對未知的不安……。

屋外，天光逐漸清明，海邊的天色總是比一般地方早亮些，月亮已像一張薄薄透明的白紗，懸掛在山頭暗鬱的樹梢上，好像唾手可得。一層淡淡的雲飄然而過，遮住了它僅有的那一道清明，細若游絲的光華，述說著一個皎潔的生命，正邁向無始以來，升起又墜落的循環的終點。

出發了，陳文謙和其他三個人抬起理性，十幾根竹子撐起將近一百二十斤的重量，讓坲落底部彎曲、顯得有些笨重。潘宛老及陳文謙在前面，潘武雄和理性的表弟走在後面。竹編的坲落像是一張擔架，前後端用兩支交叉的竹子固定，然後再用一支竹竿從中間穿過，中間穿過的竹竿兩頭再各綁上一根竹子，形成前後兩個十字型，前後抬的人利用十字型的兩端來扛，可以兩個人或四個人同時抬，視路況而定。

沿著海邊到豐濱村的路比較平，可以四個人走，上了河道就比較陡，只能兩個、兩個輪流抬。大家七嘴八舌送出門的有十幾個人，沿著新社村的復興部落，往下坡的小路走。祝賀和叮嚀的話語反覆地在理性的耳邊響著。抬出家門這一刻的喜悅，掩蓋了路途可能遭遇的艱險，總是一線生機吧！三天生產的辛苦似乎被遺忘了，理性的面容在黑暗的微光中顯得更形憔悴，看似焦急的眼神卻掛著一絲絲不易察覺的笑容，或許到醫院的冀望，一掃這兩天生產的疲憊，理性的手拉著妹妹李烏吉的手，痛苦而欣慰，無奈而堅強。

海的遠處，天的盡頭，一條橫過海天交界的金光在黝黑的水面上隱隱可見。三月的風依然顯得清冷，輕拂過理性的臉龐，似乎夾帶著歡愉的希望，她的頭仰望著若隱若現的晨光，明天是不是還能見到晨曦和月光？想著已經露出頭的孩子，她在一片茫然和本能的盼望中，對著大海默禱著……。

二、出發

陽光還未現身，三月的天其實是頗為炎熱的，但早晨的海風吹拂著岸頭，陣陣潮氣涼透沙間，沙間上，身手矯捷的小螃蟹早已四處走動覓食，牠們無憂無懼地追逐著潮間的微生物，準備大快朵頤。

一群陌生的訪客形跡匆匆地從遠方走來，驚動這一群沙灘的主人，牠們敏捷地四處躲避，一群巨大的、龐大的生物從遠方快步前進，為寧靜的沙灘帶來了一陣騷動，他們急忙而凝重。小螃蟹們在石頭間及沙縫中輕聲地喘息著，從海的遠方注視這一片細軟的沙地，那一群龐大的生物，在清晨的光中，在沙灘上留下數以千計雜遝有序的足跡，像是無盡的沙地裡凹陷谷地。

不一會兒，螃蟹家族重新回到海邊細軟的沙上，爬行在這些凹陷的谷地，海潮一步步侵蝕這些足跡，螃蟹家族早已忘卻先前的訪客，又重新淹沒在潮來潮往的海波裡，海灘已然回復它原本的模樣，似乎人類的歡樂和悲欣，對大海及小生物們而言，也只不過是一場匆忙雜亂的遊戲。

陳文謙一行人光著腳踏在冷冷的沙間，穿過稀疏的巨大石塊，從新社到鳳林的路途十分遙遠，陳文謙等人沿著海灘向南走，從新社到八里灣的路上，理性顯得十分激動。妹妹李烏吉和妹婿張正義一路陪伴護送，李烏吉手扶著坲落，偶爾還和理性聊上幾句，「妳要堅強一點，很快就會到醫院，孩子會等著看到日出。妳要撐住，祖靈會保佑我們的。」理性微微地點頭，呻吟聲漸漸小了，或許清晨的冷空氣使她舒服許多，或許眾人的陪伴使她暫時忘卻難產的痛楚，忘卻腹中嬰兒的呼吸及蠕動，忘卻即將面對的艱辛路途和不可知的醫療狀況。

晨曦的光已經悄然蒞臨這原本冷瑟的灘頭，當第一道光打在陳文謙的臉上，他們已經快到達豐濱八里灣一帶的河口。汗水在抬轎人的臉上直流，陳文謙走在前面，他用另一隻手擦拭著汗水，總共的路程要抬八小時呢。到達豐濱八里灣大約要一小時多，然後再從八里灣沿著河道前行，翻過海拔四百多公尺的馬里山（Ma-li Shan）山頭才會到光復，這大約需要六小時，然後走陸地到達鳳林。

他們一行人節奏分明地前行著，逼臨海岸的綠色山崖，佇立著幾隻白鷺鷥，在沉沉的微光中顯得搶眼，牠們俯首低沉，不像是好奇的路人，倒像是孤獨的行者在破曉前默禱，也像遠來的朝聖者，正等候瞻仰黎明的絢爛風采。天空一縷白雲依稀可見，海的盡頭，畫過穹蒼的一條筆直地平線，天的帷幕，掀起暗紅色的金光，逐漸向海面進逼。風靜止了，像是被即將來到的光芒給震懾了，空氣依然冷瑟，彷彿被這名待產婦女的傷痛給冰封了，在破曉前，在穹蒼間，她急促的呼吸聲，傾吐著長吁短嘆的白色薄霧。

豐濱村的河口到了，李烏吉等人就準備送到這個河口，河海交接處，海浪顯得舒緩許多，李烏吉摸摸理性的臉，然後握住她的手：「祖靈會保佑妳的，他一定是一個大塊頭的寶寶。」理性喘息之間，臉上浮出笑容，向妹妹點點頭；路還遠著呢！潘宛老向來送行的幾位親人示意可以回去了：「回去吧！今天田裡還有事呢！我們也得趕緊趕路。」幾位送行者的眼光，望著往山裡河谷慢跑的四位抬埔落的身影。在河口處，天光已經明亮，太陽對海浪、大地及山頭展現它奪人的光芒。幾位送行者依然佇立在河和海的交接處，直到陳文謙一行人的身影消失在山的轉彎處。

河水湍流，不徐不疾，光著腳走在河面的石塊上，潘宛老一行人快步前進。水是冰的，石頭是尖的，山路是峭的，他們涉水而過，小心翼翼地深怕理性過度的巔簸。堅硬的河床、崎嶇的地形，對他們來說早已司空見慣，而在平坦的河面上行走總是較愉快的，腳踩著不及膝蓋的水，天色剛亮又不太熱，看著兩邊逼臨的高山巨石，倒覺得信心滿滿。從豐濱河口到光復的河道，是逐漸上坡的河谷，這條河叫馬太鞍河，但一路上潘宛老等人卻必須翻越幾座大大小小的山頭，而抬著病人爬山是辛苦的，也是危險的。上坡時河流變小，水勢湍急，強行走河道非常危險，所以改取河道旁的路徑。

但那可是大大小小的石塊，他們必須像爬一個不規則的顛簸樓梯，慢慢往上攻頂。特別是這樣崎嶇又狹小的路徑只能兩個人抬，陳文謙在前，潘武雄在後，後面的特別吃力，整個重量都壓在他身上，潘宛老和表弟從後面協助推一把，還小心翼翼地扶著理性，以免理性從坲落翻下來。陳文謙在前面必須控制住平衡感，早已被大地磨成粗繭堅實的腳就像一支錨釘緊緊地釘在地面，以免後面一群人全部摔到山谷裡去。一步一步，一寸一寸地，緩慢地向山頂推移，理性的痛苦暫時被轎夫們遺忘了，取代的是前前後後、此起彼落、叫叫嚷嚷的聲音。

四百多公尺的山頂終於到達了，但這還不是最辛苦的一段。攻頂過程雖然吃力，但下坡更為驚險。剛到山頂，並不能停下休息，他們得立刻往下坡走。陳文謙走在前面，這會輪到他必須承受更大的重力，他必須穩住腳跟，後面的人必須扶好產婦，以免理性被下坡的速度拋出去，後面的潘武雄還要盡量往下蹲，把姿勢放低，以免下坡時後面的太高，下推的力量過大，一個不小心會讓前面的陳文謙栽個大跟斗，一行人都會翻落到山坳裡。不知過了多少時間，留了多少汗水，他們終於又回到舒緩河面。

理性在經過一段顛簸的疲憊之後，回到舒緩的河面，她似乎睡著了。太陽照亮了山頭，山的另一邊背日坡卻仍是陰暗的。這是一個清爽的時間，三月的早晨，山間裡一如往常地充滿著欣欣向榮的生機。野花開滿在堅硬的石頭間，蝴蝶也已經出來覓食，在一片綠色叢林間忽隱忽現，給這一群疲累的疾行者帶來了一絲溫馨的甜蜜。遠處獼猴的叫聲由近而遠，樹梢騷動著，摩擦的聲響和獼猴爭食的叫囂劃破這山谷的寧靜。這是潘宛老們熟悉的景況，靠山吃飯的噶瑪蘭族和阿美族在這片山裡生活已經幾百年，他們熟悉這片山林，這是他的家，他生存之所依，生命之所棲，也是靈魂之所繫。

祖靈就住在山頭不遠的白雲繚繞的山間，而那裡也將是他們往生後的最終處所。生命在這裡無終地循環著，像一棵樹，在汲養著大地的養料之後終歸枯萎，但繼續用著最後的存在滋養下一代。一路踩著的路面上，不盡都是一個又一個的生命。他們在地表之下交融，又在地面重新伸展。萬物和人在這山間是平等的，活著的時候，他們以山為食，死的時候，還要化作塵土，隨著雨和風，守護著子孫的這片家園。

潘宛老一行人繼續趕路。在風行走的稜線，是山和天的交接，那裡有我們的祖靈一路為我們守候。

【後記回顧】

「理性」，阿美族人，漢名叫陳秋吟。住在豐濱鄉新社村。「理性」在部落的意思是「豐收的季節」。理性生第三胎時難產，三天後由先生潘宛老、長養子潘武雄、鄰人陳文謙，及一位表弟抬著她送醫，清晨三點多出發，一路到達城鎮的診所。那一年是一九六六年五月。在就醫未果之後，從診所返回部落途中，理性與胎中小孩雙亡。

本文出自於《翻山越嶺的愛》之紀錄片。《翻山越嶺的愛》紀錄片於二〇〇二年九月二十八日於中天電視臺播出。紀錄片之製作人：何日生，執行製作人：賴睿伶。

本文完成於二〇〇四年，以紀錄片的調查報導之訪談證詞與文獻考證為基礎，再以文學的筆調，重述與重建原住民難產婦女「理性」就醫的過程。

《翻山越嶺的愛》調查報導紀錄片，訪談對象列舉：

一、陳文謙：難產婦女理性——陳秋吟之先生潘宛老的鄰居與好友，當年跟著潘宛老抬著「理性」到診所就醫未果。陳文謙是阿美族，耶穌會信徒。接受採訪當年是七十歲。

二、林世妹：產婦陳秋吟的長媳，長子潘武雄的妻子。阿美族人。林世妹說明她的先生一早抬著難產的婆婆去城鎮的診所，未獲醫治的過程。

三、李烏吉：產婦的妹妹，過繼李家領養。說明當日清晨三點多去看望難產的姊姊「理性」，準備要抬去診所就醫前的景況。

四、張玲：李烏吉的女兒張玲女士。

4 翻山越嶺的愛

一、抬去診所

花蓮豐濱山上的原住民陳文謙和潘宛老一行人，抬著產婦理性，正快步往市鎮的診所走著。這是一九六六年五月十九日的早上，他們清晨三點多就開始從豐濱的新社出發，爬山涉水，一路上還沒來得及吃飯。儘管陳文謙、潘武雄等人到了早上七點多就已經餓到疲憊不堪，但是他們加緊腳程，就是希望理性與尚未出生的孩子儘快得到醫治。將近八點，他們到了太巴塱，問了一下當地的部落朋友，詢問鎮裡診所的位置，就繼續往鎮裡走。

也不曉得理性是睡著？還是昏迷？但是她的喘息聲是未停歇的。攀越了多少的高山峻嶺，渡過多少溪流河道，理性仍苦撐著，為了孩子，為了潘宛老的一家。診所就快到了，潘宛老不斷對著理性說，理性並未回答，痛苦的臉部神經伴隨著盼望的神情，交織在每一個抬著她的家人心裡。加緊步伐，診所已經要到了。

約莫十點半左右，潘宛老與陳文謙等四人，抬著理性終於來到一家診所。這是鎮裡家喻戶曉的名醫，部落的朋友很多都是來這裡看診。他們將坲落（竹擔架）放下，懷著憂慮又欣慰的心情，潘宛老走進診間，理性與其他三位族人在診所門口等候。理性穿著黑裙子，腿的兩側還是在出血。坲落鋪著的棉被其實是麻布袋，一路上理性滲出的血已經沾在麻布袋上，在等待的時間裡，理性從兩腿內側流出的血穿過麻布袋，滲到診所門口的地面上。

醫師出來了。醫師看到理性，對著潘宛老用日文說：「這是你太太嗎？」潘宛老說：「是！」醫師量了一下理性的脈搏，看了看理性，輕輕搖搖頭，就進去診所了，潘宛老跟著進去。陳文謙與潘武雄繼續陪著理性等待著。

時間似乎變得更漫長了。醫師看了是什麼情況呢？不只是理性焦急，一旁的三個族人心中也是嘀咕著。一會兒時間，潘宛老走出來了，他對陳文謙與潘武雄等族人說：「我們回去吧！」「才剛到，還沒看診，為什麼要馬上回去呢？」潘宛老說：「醫生說要八千元的ほしょうきん。我們沒有錢，還是回去吧！」陳文謙的心沉了，大家的心都沉了，一片靜默籠罩著診所門口的四周。

潘宛老低著頭，好像在和理性說話，面對一路顛簸苦撐，還尚存希望的理性，在她還清楚的意識中，從盼望、焦急，到此刻絕望！

診所裡面一位來開刀的病人余相來，痊癒狀況很好，醫生要他走動走動。診所不大，他從門外望去，看著這位原住民產婦，他走向醫師說：「您怎麼沒幫她看？」醫生沒有回答他。診間內也陷入一陣沉默。

一旁在等著拿藥的鄰人李滿妹，看著這位難產的婦女，和四位族人在診所門口駐足的情景，她走出來與潘武雄攀談。潘武雄是噶瑪蘭人，他會說臺語。李滿妹聽著潘武雄敘述這一路翻山越嶺到這裡的經過。他們繳不起ほしょうきん，看來只好抬回去了。約莫十一點以前，潘宛老與陳文謙、潘武雄又開始踏上回家的路了。這一歸去路，坲落的擔子更沉了……。

就在陳文謙、潘宛老等族人將理性抬離診所的一刻，李滿妹看到理性留下了一灘血，在診所門口的地板上。

懷著悲痛心情的潘宛老一行人，離開診所了！

二、歸程

歸程了，回家的路，比早上的來時路似乎更長了。潘宛老與陳文謙等人抬著一息尚存的理性，往回去豐濱的路上走著，在無言的靜默中，只聽到四個人的腳步聲和著坲落晃動時的唧唧聲，顯得抑鬱、悲涼。潘宛老眼睛不時地瞄一瞄理性，眼神中不只是不捨與哀傷，還有很深的自責。究竟是自己沒有錢繳不出保證金，眼見妻子與未出生的兒子就這樣的……潘宛老幾乎要掉下淚來，要不是怕理性陷入更絕望的境地，他真想大哭一場。

他想著家裡另外二個與理性生下的孩子，潘金田與潘金珠都還那麼小，還有正在懷第二胎的媳婦林世妹，就是眼前這位與他一起抬著理性的長養子潘武雄的妻子，加上父親、母親，一家十口人，生活並不容易。每年的稻子收成，總是先償還雜貨店賒帳的錢，雜貨店是漢人在山下開的，部落的人多半都是欠店裡的錢。償還賒帳，剩下來的，一家十個人吃飯都還不夠，怎麼會有錢來繳ほしょうきん，唉……認命吧！

已經過了中午，他們沿著陸路，順著花東縱谷的溪流，順著一貫的路線，無意識地走著。初春的風，沿著山谷吹拂著，傳來山裡陣陣展露的花香。從小路到遠處的山頭，芒花開滿了，在初春的陽光下，顯得光鮮、靈動。幾許飛落樹梢的花絮，隨風串動，偶然幾片飄過來，停留在理性拂落上，片刻，又飛走了。

離開診所已經一個多小時，他們快到光復了，豐濱溪就在眼前。到了豐濱溪，他們就會離開陸路，改走河道。陳文謙流著大汗，頭頂著陽光，他早已忘記飢餓，忘記赤裸雙腳踩著什麼泥地，忘記肩膀的負荷，他進入極度的疲憊。

在幾乎是無意識的狀態中，陳文謙突然聽到潘宛老大聲叫：「理性……理性……理性……」理性都沒有回答，潘宛老哭了！沒有回頭看，聽到潘宛老的哭聲，陳文謙也哭了，潘武雄以及表弟也開始哭……理性走了，連同她肚中那還未見到世間的孩子。

不知道步履如何繼續向前，不知道經過多少時間，不知覺天色昏暗，黑夜已經悄悄來臨。他們一路上在幾個平時進城固定的休息地點停留片刻。他們身心都已經透支了，但回家的路還很長。翻越馬里山（Ma-li Shan）後，已經夜裡八點多，他們找到一些可以吃的草類果腹，喝了溪裡的水。潘宛老想著，一早出發懷抱著的希望，如今與妻子、孩子天人永別。淚水在沿路已經流乾，他深沉的哀嘆與呼吸，在黑暗的森林裡，融入無邊樹林的喘息。

他們繼續沿著山路走，理性用一條麻被覆蓋著，失去溫度的身體，比起四周的寒氣更冷峻。他們靜默地繼續抬著，約莫凌晨，終於到達豐濱鄉新社村。到家了。在轉進回家的小路前，潘宛老等人先到山下的派出所報了案。警察做了登記，他們就帶著理性與孩子回家。潘宛老沒有選擇回自己的家，而是先到離他家幾十米遠的潘武雄家。潘宛老的父母親和潘武雄同住。

潘武雄懷孕的妻子林世妹，白日雖然也惦記著老公潘武雄與公公潘宛老抬著婆婆到醫院生產的情況，但是等到深夜，她休息了。倒是潘宛老的父母親，遠遠地聽到山下的腳步聲，就起身了。他們的兒子潘宛老與孫子潘武雄回來了。不用問，潘宛老的父母知道理性已經往生了。

「不要抬進來！」潘宛老的父親遠遠地這樣叫著。在外面死的，要留在外面，這是部落的習俗，何況孫媳林世妹還懷著孕。林世妹這時已經醒來了，看著公公潘宛老與老公潘武雄終於回來了，然而帶回來的竟是已經過世的婆婆理性。

第二天，潘宛老請人通知東興村理性的妹妹李烏吉。李烏吉匆匆趕來了，姊妹情深，悲痛的心自然不可言喻。潘宛老帶著家人與族人，將理性與孩子葬在新社的山坡上。簡短的儀式結束了，潘宛老與族人陸續地離開，只留下理性與孩子在這片寂靜的山坡上。

山坡的背後是高峻的大山，四周是部落的田。春雨稀疏地下著，剛剛插好的秧苗，迎著風，奮力搖曳。從山坡往下望去，就是無盡的大海，碧波萬頃，壯麗優美的太平洋海岸，潮水，仍此起彼落地衝擊著亙古靜默的海岸，這是世世代代的噶瑪蘭族與阿美族部落安居的地點。

他們在這裡出生，在這裡成長，依此為生，也在此掩土為安。

【後記回顧】

二〇一五年，陳文謙過世了。八十多歲的高齡，在走以前，他已經有點失智，但還認得我。在最後階段，他在醫院跟我視訊，他哭了，在跟我告別。阿英（睿伶；當年二〇〇二年，跟著我一起採訪陳文謙的同事「睿伶」，陳文謙都叫她「阿英」）與他的家人陪在他旁邊，跟我最後地話別。想起來，如果我們不曾造訪他及他的族人，一代苦難的原住民醫療的際遇就如一片片的落葉，消失淹沒在無盡的林地的草叢裡；一代聖人的慈善發跡的故事，就可能會被認為是偽善而說故事。陳文謙是一九六六年抬著「理性」——難產原住民婦女，就醫未果的見證者。他的走，象徵一個時代的結束，一個苦難的時代結束。他們應該沒有想到，當年他們的不幸，竟造就日後千千萬萬的愛心志工奉獻濟助著全球同樣遭受苦難的人們。

5
嗅出家鄉的人

他說，他的家鄉在加拿大魁北克的山區，那個地方，熊的數量比人還多，所以小時候他看到熊的機會，比看到人還頻繁。

爸爸是建水壩的總工程師，從最高的山一路建下來，他也就從小從山頂一路下山，年紀越小，住得越高。記得在六歲的時候，他有一天傍晚在自家的後花園看到一隻熊，當時的他非常害怕，就跑到前院找爸爸。爸爸正在整理花圃，聽到兒子跟他說有一隻熊在家裡後院，爸爸不慌不忙地跟他說：「你不怕熊，熊就會怕你。」他聽了之後就跑到後院對著熊做出一個攻擊的姿勢，並且大吼一聲，結果那一隻熊果然落荒而逃。

那就是劉力學小時候長大的環境。

他是法裔加拿大人，身材壯碩，卻帶著一副斯文的眼鏡，笑起來露出整排的牙齒，活像是一個調皮的大男孩。住在臺灣二十多年了，讓他說了一口好中文。他曾經是神通電腦公司的副總經理，據說臺灣第一部個人電腦就是他賣出去的。

一九八〇年左右，他從加拿大飛到亞洲，途經臺灣，在松山機場看到許多水噹噹的臺灣女孩，驚為天人。這也難怪，因為他的故鄉人煙稀少，他看見熊媽媽的機會可能比看見女性要多。果不期然水噹噹的臺灣姑娘真的讓他因此長留在臺灣，不走了，畢竟女人還是比熊有魅力。他在臺灣大學學中文，認識了一位臺灣姑娘，說劉夫人的外表驚為天人可能每個人意見都不一樣，但就他而言，太太可是媲美西施的大美人。

想起二十多年前結婚，回加拿大度蜜月，他帶太太到家鄉的山區去露營，他的夫人一直好奇魁北克的熊是不是如他所言：「如果你不怕她，她就會怕你。」依照劉力學的說法，在山區露營，如果要避開熊，最重要的就是不能把食物暴露在外面，也不能留在口袋裡或任何的背包中，那會讓百里外的熊嗅到。

蜜月露營期間的一個晚上，他和太太都已經熟睡，突然睡夢中有一個生物在摩挲他的手臂，張眼一看原來是一隻熊正在帳篷裡翻東西，他不假思索，一拳就打過去。據他說，熊一驚嚇，拔腿就跑掉了，這說法比較像是打一隻纏人的狗。總之，他的太太自始至終不知道熊來過，也不知道丈夫竟然一拳就把熊趕走。

乍聽之下，這是用來騙小孩的英雄救美的故事，但是詢問他太太，他太太說她也不知道，因為當時她是熟睡的。但劉力學說起來一點都不馬虎，他不是辯解這故事的真假，而是說那是因為他太太把麵包放在口袋裡，被熊聞到了。劉力學還說，人的身體憤怒時會發出很強的腎上激素，你身上的腎上激素越強烈，熊會感受到，牠會怕、會逃跑。但是如果你害怕，你的腎上激素就不會增強，動物會知道，牠們的感知方式比我們直接，牠就會攻擊你。重點在於你不能怕，熊就會怕你。這是有生理醫學根據的。

不管怎麼說，聽過熊的故事的人最後都相信他，這就是劉力學，總是有許多聽起來稀奇古怪，但細想，又滿有科學根據的事發生在他身上。

他住在三芝的一個海邊，環境非常優美，門前種植了許多樹木，草皮覆蓋在原本的沙丘上，像是一個遺世獨立的海邊公園。這裡的景觀以前可不是這樣……。

一九八七年，劉力學從魁北克帶來的鼻子，再也受不了臺北汙濁的空氣。他的突出高聳的魁北克鼻，在嚴重的汽車及冷氣排放的廢氣薰陶下嚴重過敏。他必須逃離這個氛圍。一天假日，他實在受不了，決定找一片清靜的環境。他騎著機車往郊外尋覓，一路跟著鼻子走，想要嗅出家鄉的味道，那個屬於大自然發出的新鮮、潔淨、有力的空氣。臺北濁氣太重了，令他窒息。

他一路從大直到圓山，從圓山到淡水，從淡水到石門，他的鼻子還是塞著的。終於沿著海岸線，到達三芝，他的鼻子突然不過敏了，突然通了。海風送來家鄉魁北克的空氣，他突然覺得四周的大氣層開了，呼吸變得芬芳有力，於是他就決定跟著鼻子的直覺，搬到三芝來住。這裡的空氣接近他的故鄉，或許海風真的把北方加拿大冰原家鄉的氣息，一路傳送到三芝的海邊。

但是要在三芝住下來其實並不容易。這裡的海灘長期遭破壞，早已垃圾堆積，寸草不生。但劉力學準備在這裡造一個家，造一個有綠樹、有草原的家。他每個週末清除海灘的雜物垃圾，開始鋪設草皮，種樹。這工作當然是辛苦的，海灘鹽分這麼重，樹木及草皮並不容易生長。但是劉力學畢竟有一個炙熱的心，有一顆科學的腦。四年下來，不只防風林建起來了，一大片的草皮把他家的四周建造成一個海濱公園。不只草皮散發著盎然生機，盛開的花朵更是點綴著一叢叢青綠，簡直是世外桃源。稍稍滿意了。他讓自己在凡塵雜沓的都會中，建造一個高山森林般靜謐的家園。

在三芝的歲月中，他的鼻子每天都聞得到海的氣味，花的香、草的青、樹的況味。但是住在三芝還是有一個不方便之處，那就是交通，每天花在車程至少要三個多小時，他工作一晚經常看不到孩子。有一天上班碰到大塞車，心裡突然湧起一股強烈的情緒，為什麼我要過這樣的生活呢？為什麼我把工作擺在我家人之上呢？為什麼我的孩子只有在週末才能見到我？他把車子一轉，回家了。回到家立刻打了一通話給公司，說他要提早退休。那是一個晴天霹靂！身為臺灣數一數二大的電腦公司的副總經理，突然辭職對公司衝擊相當的大。但是他決定了，就這樣他開始一段更多采的人生。

辭職後的劉力學投入另外一個更為挑戰的工作，他覺得社區裡的垃圾擁塞，因此他在社區裡自己興建一個垃圾焚化爐，上千度的焚化爐雖然規模不大，但是他可以自己處理自家和鄰居的垃圾，真正做到一個標準公民，自己處理廢棄物，不必仰賴政府公權力的協助。雖然好心地提供一個焚化爐供社區使用，但還是會偶爾抱怨社區民眾把一些不可燃的物品放進焚化爐裡。不過，這些情緒都是在他那一種帶著一絲無奈及輕柔的抱怨中滑過。

那一個夏季，他繼續著海邊的田園造景，天熱他猛喝水，到了晚間全家正看著電視，他覺得自己一陣昏眩，眼前一片漆黑。震驚之際，他立刻想到跟喝水有關，但他不敢輕易移動，也不敢告訴太太他眼前所發生的事，但是他叫太太去後院將水管拔出來，看看水管是哪一家的公司鋪的。太太將水管上的公司名稱告訴他，他打一個電話給那家公司，經過一連串地盤問後，終於證實他的憂慮——他此刻正是多氯聯苯中毒。

他第二通電話不是打電話叫救護車，也不是打給醫院，而是打回加拿大的家。因為劉力學的兩位哥哥都是醫師，他的哥哥告訴他，大量地喝啤酒可以將多氯聯苯的毒素稀釋掉。於是他一連喝了幾打啤酒，第二天情況果然改善許多，視力也逐漸恢復。一個星期過後，他完全恢復正常視力了。這就是劉力學，總是用自己的方法解決問題。一個人在臺灣，但是核心靈魂還是住在加拿大的魁北克人。

近年來，劉力學換了一樣工作，他開始了廚餘堆肥的製作。他一開始到附近的富基漁港，那裡有許多海鮮餐廳每天倒掉大量的廚餘，他看在心裡相當不捨。於是開始每一天自己用小客車到各家餐廳載「ㄆㄨㄣ」（廚餘）。一個老外每天挨家挨戶地載「ㄆㄨㄣ」，起初餐廳老闆和左鄰右舍都非常好奇，漸漸地大家認同他的理念，主動將廚餘整理好，放在外面他給的桶子裡，讓他將廚餘回收。

看著他將一堆堆的廚餘用力地翻攪，發出臭味不說，一團團爬動的蛆更是讓人怵目驚心，但是他似乎甘之如飴，每天周而復始地製作廚餘堆肥，他也不賣錢，利用住家附近許多遺棄的一些舊房舍，堆起一座座像小山般的廚餘堆肥。在他看來，那就是他應該擁有的生活方式，他認為這是一個重要的社區環保工作，他真真實實地信仰著環境淨化的理念，那無疑是一顆從魁北克山區帶來的純淨種子，選擇栽種在這一片亞熱帶、仍夾雜著許多人為破壞汙染的泥土裡。

其實劉力學在臺灣如魚得水，他有一個美麗的太太，一對健康漂亮的寶貝，一個他自己親手建造的清靜家園，他的確在異鄉努力找回、或者應該說努力建造他思念的、遙遠的、魂牽夢繫的那份家鄉況味。

而不管他離家多遠、多久，魁北克森林的呼喚似乎永遠在他心中。那個大自然的氣息所營造的風，吹過太平洋，一路吹進三芝鄉座落在海邊的家，屋前的那一片防風林，雖然沒有魁北克山區森林的茂密壯闊，但是向晚的風，依然輕拂樹林，發出動人的自然樂聲。這是他心中最理想的家。

很多人總認為家鄉的土地帶不走，家鄉的景觀也帶不走，但對於劉力學來說，家鄉的確是帶不走，因為它一直佇立在心中，而不是附著在出生的處所。

他將他童年編織的夢境及氛圍，搬進這一片全然不同的異鄉之土地，看似不可思議，但其實家園一直在心中，環境的塑型是來自心的模型。

誰說劉力學的故事只是一個加拿大人努力尋回家鄉風情的經歷？他是一種見證，見證著故鄉會一路追隨著我們到天涯海角，我們的際遇被它緊緊地牽繫，我們今日所居處的環境，早已預埋在我們的心底。

家之形，是久經形塑的心之反應。

【後記回顧】

劉力學在我心中就是一個大孩子，不長大，也不必長大。一切的知識、成就，對他都是外物。他的內心要追尋的是一種生活方式，一種從童年，在魁北克的山上，在父親與大自然的教導下，認知自然與我們是一個整體，是休戚與共。在曾經短暫地對文明傾慕與投入之後，他的鼻、他的嗅覺、他的直覺，引領他找到大自然與理想的家。他是文明塵囂的金絲雀，他的鼻代表大自然的呼吸，告訴人類我們締造的所謂文明已經迫害了自然的和平與均衡。劉力學在二十多年前，竟以自身為榜樣，形塑人類未來的生活所應遵循的模樣。

6 生之海

花蓮東部的海岸黃昏，十二月的冷風刺骨地吹著，白色的浪濤在昏沉的天光中此起彼落地撲向岸邊，他穿著一深灰色的袈裟、灰白的鬍鬚幾乎和頭髮等般的長，被海風吹得隨意飄揚。

他口中誦著佛號南無阿彌陀佛，即使在洶湧的浪濤聲中仍然顯得莊嚴、蒼勁、有力。我跟隨在他的身後一起誦著佛號，雖然海風吹著我的大衣颼颼作響，雖然冷風直穿我的背後，但心中卻感覺有一股不可思議的寧靜和深不可測的力量。

在這無盡的海邊、在這將盡的黃昏，修平法師的佛號聲，似乎在召喚著穹蒼深密處無數迷失的生靈。

他是花蓮的一個怪人，從一九八〇年初開始，在十年當中，這位留著長髮的出家人修平法師，在花蓮海邊撿過無數的無名屍，在誦經超渡後把他們安置在他自己所興建的修平靈堂裡面，據修平法師的說法，這些無名屍很多可能是在日據時代戰爭中死亡的無名屍骨，也有可能是在航海中不慎失足落水的漁夫，或是一個失意的戀人迷失在驚恐的浪濤中。「敬畏死亡，就是尊重生命。」修平法師對著我說。

其實當我前一天晚上從臺北飛到花蓮，心裡頭並沒有任何的準備，我即將面對的是一個介在佛道之間、談吐深奧、行為超凡不可測的一位修行者。那天晚上，台視駐花蓮記者帶我去見他的時候，一個十五坪大小、空無一物的房子，只有一張小書桌，周圍圍了七、八個跟著他長年收殮屍體的弟子，看著我們的到來，修平法師的情緒好像沒有任何起伏，但是我卻感受到周遭一股欣慰和戒慎交織的情緒，他的冷靜和平淡，讓我們感覺到他無意接受我們的訪問，在我們進去半個小時之後，他明確地拒絕並且說明他所做的事情不是能言詮的，他只是一個平凡的撿拾無名屍的人，不值得大書特書。

在黑暗的房間裡，只有一盞小小的檯燈照在他灰白的臉上，明亮的目光顯得堅定而蒼茫，四周的氛圍顯得陰森淒冷，或許因為在我的身後就是安葬著數千具屍骨的修平靈堂，或許那些生靈也在凝視著這群陌生的訪客，但我們畢竟是恭敬而善意的呀！

修平法師雖然回拒訪問，但柔和的眼神裡並沒有送客的意思，他是一個讓我好奇的人，甚至他身上那種沉鬱的氣質會不由自主地吸引我，我暫時拋掉採訪的事，和他開始談論佛學。他的臺語出奇地好，許多佛經中深奧的字句，他都可以用臺語朗朗上口，背誦出來。當時我只能憑藉著從哲學大師方東美的佛學著述，及鈴木大拙的禪學書中得到的佛學思想，和修平法師討論：「生死只是時空的轉換、因緣貫穿今生和彼岸、因果輪迴都決定在我們的意念……」我們的討論並不是雙向的，我的話多半是在回應他的思想，與其說我被他的思想吸引，毋寧說是我被他的氣勢和胸懷給著迷，或許當個好聽眾是有益的，特別是當個聰明的聽眾。

在這種漫長的、充滿禪機的對談中，修平法師幾乎把他一生中重要的事蹟都告訴我了，一個小時、兩個小時過去了，陪同我的花蓮地方記者早就在外頭閒晃多時，我知道修平法師已經相信我，這個時候我告訴攝影師把機器架好，同時告訴修平法師：「就當作是我為你的生命作見證，這個訪問不是為你，而是讓更多人有機會分享你內在的生命感受，浸濡你獨特的佛學思想，藉著你的談話讓他們更懂得敬畏生命、讚頌死亡……」

「我從小出生在一個平凡的家庭，那是在桃園的一處高山上，我的世界幾乎是一個與世隔絕的小小農莊，我五歲就自發性地開始吃素，或許因緣早就預設好我一生的佛緣……」修平法師的童年對我們這種平凡人來說，真像是一個遙遠的、不真實的夢，他幾乎在少年時期就研讀老子、佛學，在眾兄弟眼中他就是一個不平凡的修行者。

到了青年之後，他就出外學習各種雕塑及陶藝工作，後來他回到家鄉說服在家中務農的四位兄弟，一起到桃園市區創立陶藝工廠，專門製造各種廟宇殿堂所需要的廊柱及雕像。由於他的性格極具理想性，和人家做生意也不立契約，人家說什麼他都相信，所以曾經在生意最鼎盛的時候被惡性倒債，幾乎讓他和兄弟的陶藝事業陷入絕境。債臺高築的修平法師，卻一樣帶領著兄弟們更勤奮地工作，在他們事業都穩定之後，修平法師就把事業完全交給兄弟們，獨自來到花蓮的海邊，和徘徊迷失在宇宙次序中的生靈溝通。沒有人知道為什麼他這麼做，在他的兄弟眼中，修平法師原本就不屬於這個世俗的世界，只是他們也不明白他最終竟以收拾無名屍作為他一生的職志。

他的確是一個奇特的人，或者更正確地說是一個謎樣的人，一九八〇年初當他來到花蓮這個海邊，無意中發現海邊有很多日據時代留下來的無名屍，特別是在「佐倉」一帶，有二次大戰留下來的亂葬崗萬人塚，他的修平靈堂就是設立來安置這些被亂葬的上萬具無名屍。其實撿拾無名屍骨在外人眼中是十分恐怖的事，因為那些屍骨早已腐爛惡臭，蟲蟻蛀咬著屍骸，修平法師或許正是不願意生命死得這麼卑微，才發願安置這些無名屍。但這種超渡亡靈的工作如果沒有相當的修行，恐怕早已退卻。我要求他帶我走一趟亂葬崗，他同意了，但告訴我，他一定要在夜晚造訪他們，為的是要尊重他們的作息時間。

「夜深了，我們明天再去。」在將近十一點的時候我離開了他的住處，心中有一絲的困惑、幾許的欣慰和無限的敬意，我訪問的是當代一個不平凡的禪者。

第二天一早，我們再度造訪修平法師，他帶著我們去走一趟修平靈堂，一具具骨甕被恭敬而整齊地供奉著，生命的尊嚴在這裡得到了落實，死亡的恐怖也被清靜的氣氛驅散得無影無蹤。除了每年會去悼念我去世的父親，我其實沒有這麼靠近過骨甕，特別是一些無名的屍骨成千地排列在眼前。但跟著修平法師的腳步，隨著他誦經，你心中自有一股堅定的平靜。修平法師告訴我，如果哪一條馬路或處所不平靜，只要他一去，告訴那位迷路的生靈隨他回修平靈堂，那條馬路或處所就即刻恢復平靜。

說來好笑，我們在採訪的過程，其實部分同仁是有些害怕的，整天都看著屍骨、在上千個骨甕旁工作，倒是有幾分陰森。修平法師也知道我們的心境，當天中午留我們吃飯，並說吃了他們的米粉就會平安無事。我和執行製作陳慧翎胃口倒好，吃了好幾碗，但我的攝影師卻不想吃，一旁休息抽著菸。說來奇怪，那一天傍晚到了海邊，拍攝修平法師如何從海裡撿起屍骨，我的攝影師禁不住海風，胃突然抽搐，在一旁休息；到了晚上回飯店，他又覺得房間的窗戶無故被打開，總之他一直心神不寧，好像有別的生命在周圍，而且身體一直不舒服。最後晚間預定要去拍亂葬崗，他只好請花蓮駐地記者代勞，自己在飯店休息。

晚上九點鍾，我依約來到花蓮佐倉的亂葬崗，他的信徒和義工們十多人陸續來到。在亂葬崗的處所，修平法師在火葬場的煙囪上搭築了一個階梯，那個煙囪高聳入天，消失在夜空中。他和信徒看到我來了以後，就即刻爬上這個煙囪，我們用探照燈在底下打著，勉強可以看見他依稀的身影。在那個高塔上、在那無邊的夜色中，他高誦著南無阿彌陀佛，那個聲音深沉幽遠，隱隱地召喚著在地獄中徘徊的生靈。

我看著他，思索著這是一種什麼樣的境界？為什麼修平法師會有這樣的因緣，在這裡引渡上萬個陌生的靈魂？莫非他一出生就注定要做這件事了？莫非他也曾經在這裡？曾經躺在這荒煙蔓草間？是否他也曾在大戰中殉難？是否他也和同袍們被當作一抔白骨遺棄在這陌生的異域？那多少個淒涼的夜、多少個夜鶯的哭啼，牽動著對親人的思念，徘徊在無邊的宇宙深處，迷失在生死的幻影。啊！未安息的魂，騷動著深沉黑暗的大地。

「南無阿彌陀佛……」莊嚴的佛號聲在夜風中低盪，我暗自忖著，是否修平法師憑著特殊的因緣重新回到人世間，回到他曾經眷戀的三度空間，為的正是回到故地，安置他離散多時的袍澤，撫慰那無家可歸的靈魂。「南無阿彌陀佛……」那夜空中熟悉而邈遠的呼喚，引領著摯友們回到修平靈堂。

修平法師在過去將近四十年的修行歲月中曾經拜過三位老師，一位叫虛無老人、一位叫做無是非老人，無是非老人已經九十歲，其實我並沒有要求他帶我去見他的老師，倒是他很誠懇地要北上讓我見一見他的師父。從一開始他回拒我的採訪，到主動地帶我去見他九十歲的老師，並且順道去鶯歌拜訪他的兄弟們，讓我看一看他過去的陶瓷工廠，他說他要我知道，他說的一切都不虛假。

第三天我們坐飛機回臺北，相約在鶯歌見面，他的兄弟們也很久沒見到修平法師。除了招待我們之外，對待修平法師的態度一如對待一位出家的師父，十分恭敬。他的陶瓷工廠有兩家，規模都相當大，幾位兄弟都很感謝修平法師當時帶領他們創業，他的三哥告訴我，其實兄弟們還是把修平法師當作是這兩家工廠的老闆之一，修平法師的靈堂興建所需，也多半從這兩家陶瓷場來提供。修平法師很可愛地拿出一個薪水袋，告訴我他每月從這兩家陶瓷廠支領的薪水，他都用來修建靈堂及支付弟子們的日常所需。

下午我們一同開車前往臺北瑞芳一帶的四腳亭，去探望他的師父。到了四腳亭的一處山上，已是傍晚時分，天空正下著細雨，在一座小廟的石階下方，就住著這位九十歲的無是非老人；我抱著非常好奇的心情，隨著修平法師往石階下去。還沒到門口，修平法師告訴我，他慣例在門口要大聲喊三聲「師父、師父、師父」才能進門。那是一個幽暗的小處所，隱藏在石階下，外人不容易看到這裡竟然住著人。

進了屋內，又經過蜿蜒的石階，才到老人家的住所。修平法師見到師父就頂禮問安，無是非老人一臉慈祥，見到我們造訪並沒說什麼，略帶蒼白的皮膚其實沒什麼皺紋，眉毛像土地公一樣的短而濃，眼神裡出奇地寧靜，略帶破舊的衣服、簡單的舊家具，他自己正在燒柴煮飯。這年代怎麼有這樣的隱者？想起來真像是武俠小說的情節。停留不到兩分鐘，修平法師和老師父只有一、兩句問好就說：「我們可以走了。」莫非得道的人無須過多言語的溝通，一切都在眼神交會間心領神會了嗎？

三天的採訪很快就過去了，回到公司，我心裡一直感覺這兩天好像活在小說的情節裡。我必須說明，我不曾是任何一位武俠小說家的迷，但修平法師的故事活像一部武俠小說，而我這三天好像就跌進他那種不可思議的世界中，我無法具體形容那個世界給我的感受，但我深知他的世界有傷痛、有深思、有悲憫、有對人生洞察之後的愛，有對死亡了悟之後的清醒。

而最使我難忘的，還是我和他一同走在海邊唱誦南無阿彌陀佛的經驗，我第一次感受到海的熱力，那像生命般地不斷向你湧來，生生不息。我聽到海的呼吸，那是人類永久的一種召喚，那彷彿在告訴我，生之海裡沒有幻滅，因為生命興起又殞落，如大海波濤的起伏，當你的熱力破碎在石岸上的時候，無須驚恐，因為在遙遠的深海裡又有新的洋流匯聚，等待下一波的冲擊。

【後記回顧】

修平法師做的事情，是一大善業。但卻並不是能引起社會廣泛注意與讚歎的善業。因為他照顧的都是亡者、亡靈，只有修行人會以此為職志。他其實不在意世俗的理解與辱榮，他看到的是一個更大的連續生命體，以及對一切生命純粹的敬重。我認為他眼中的世界是真實的，但一般人看不到，也無法體解。撇開未知界，就世俗意義來說，對待死亡的方式正是文明具體的表徵。對於死亡恭敬的程度，等同於文明發展的程度。修平法師為萬人塚修建靈堂，為亡靈超渡，正是對生命的珍視與敬重。有趣的是，他看起來是遵行佛教的義理，但倒像是道家的修行，他的謙遜與不求聞達，如同他的老師「無是非老人」，實踐著如道家般的追求——不知所終；幻化悠遊於不同的時空中，不可知、不可測，但始終默默關照著一切苦難的生靈。那時候採訪他的我，未投入慈濟，未深研佛理，如今，我該再去看望他了。

7 我選擇坐牢

信念的力量有多大？為信仰忘身軀，為信仰失去自由，那是什麼樣的力量？

二〇一六年的一天早上，我突然接到一通很特別的電話！是一位曾經接受我訪問、二十多年未曾聯繫的邱先生打電話給我。這天，是他第三個兒子滿二十歲的生日，他們夫妻因此特地打電話給我，向我致謝。邱照安夫婦接著用微信傳一張照片給我，附上一段話：「這是我的小兒子，真感謝你為我們所做的事；《聖經．希伯來書》六：一〇：因為上帝是正義的，必不忘記你們所做的工作，和你們為祂的名所顯的愛心……」

邱先生伉儷為何跟我致謝？跟他們第三個兒子的二十歲生日有何關係？這段

故事，要回溯到一九九六年的一段電視訪問。

當時我製作《調查報告》新聞雜誌節目，邱先生一家是我的受訪者，我和團隊採訪了他及家人。邱先生是良善公民，是一位虔誠的「耶和華見證人」的信徒，怎麼說都跟坐牢不會扯上關係。但是因為耶和華見證人是一個純淨的基督教教派，他們篤信耶穌基督和平與慈愛的信念，反對任何形式的暴力，因此他們也拒絕加入軍事活動與軍事組織。他們拒絕服兵役，連當伙夫、開軍車都不行，都是違反教義。只要是加入軍事有關的組織，著上軍裝，都是違背教義。

邱先生事業很成功，住著豪宅，夫人高貴美麗，兩個兒子很帥，長的樣子就是型男，幾乎是可以當電視明星的材料。家庭教育篤信「耶和華見證人」的教義，因此長子二十歲那一年，到達兵役期，自然選擇不服兵役，寧願接受判刑，入監服刑。這對邱家當然是一個挑戰、一個傷痛、一個試煉、一個蒙受主恩納悅的機遇，悲欣交會。

我記得邱先生帶著我到一座高嶺上，遠處望去就是臺南監獄，邱先生的長子就關在這裡。你可以想像一個父親經常到這山崗上，遠望自己的長子入監服刑的心情。而使他入監獄的竟是自己堅定的信仰。當時天空正好是一輪明亮的下弦月，我讓攝影師龐克從天空拍這輪月亮，然後一路下 Pan（鏡頭往下移動）到監獄門口黯淡的光，這鏡頭成為該集節目一開始的場景。

一九九六年以前，全臺灣耶和華見證人因為信仰拒服兵役而被關的總年數超過八百年。邱先生的長子已經在臺南監獄服刑，二兒子再一年就要接受試煉了，究竟選擇服役？還是入獄？所以我來到這個家庭，探訪這位即將接受人生重大抉擇的青年。

該集節目我訪問了幾位耶和華見證人的家庭，都是因為拒服兵役而入獄。其中一位吳先生已經入獄三次，因為信仰，他已經被關了十一年，但是第四次的服刑期又快要到來！吳先生結婚之後不到兩個月就入監服刑，他的太太一直等他，十多年過去了，等待著的還是無限時光的刑期，以及上帝允諾的救贖。

吳先生為何服刑四次？

因為按照中華民國的法律，拒服兵役者須接受軍事審判。任何接受軍事審判的義務役士兵，必須被判刑超過八年，或服刑超過四年，出獄後才不用再回到兵役處報到。但是耶和華見證人是良心犯，法官通常輕判三年，所以第一次吳先生被判三年，入監服刑。但是他們是虔誠的基督徒，在獄中的表現通常非常好，因此服刑一半就被假釋，結果因為未判滿八年，也未服刑超過四年，因此再回到兵役處報到，再次拒服兵役，再次被送到軍法處審判，再被判刑，再入監服刑。

第三次，法官終於接受吳先生的要求，判他八年徒刑，吳先生想這次刑期一半假釋，也該是四年了，可以不用再到兵役處報到；沒想到，服刑到三年十個多月，李登輝總統第二任連任，宣布特赦，吳先生又出獄了，又未滿四年，於是面臨第四次入獄的命運。我訪問了他及他太太，他們很白在，很虔敬，雖然從外人看是如此地辛苦。

吳先生告訴我基督的信仰核心是：「這國不舉刀攻擊那國」。耶穌是不殺、不對抗的。耶和華見證人默默地信守著他們的戒律，由於靜默的性格，鮮少受到外界的理解與聲援。一次又一次的牢獄，絲毫沒有動搖他們的信念與對主的信靠。

回到邱先生一家，這是我見過一個堪稱完美的家庭。經濟富裕，夫婦恩愛，兒子孝順，家庭和樂，只是，這兵役一事始終是存在家庭中一個巨大的考驗。邱先生的次子十九歲了，即將面臨兵役。他彈了一手好鋼琴，英俊的臉龐，結實的體格，純淨的面容，是人見人愛的青年。我問他，你面對兵役，要如何選擇？他說：「應該會跟哥哥一樣。」

那就是選擇坐牢！

我的報導集中在他們的故事，他們的遭遇，他們面對的司法不公正。所以該集節目名稱不是取名為「拒服兵役」，而是以〈我選擇坐牢〉作為專題名稱。

我的報導推出了，也同時請我的好友李念祖律師擔任他們的義務律師，打大法官會議解釋，認定這樣的司法程序違背憲政對人權的基本保護。李念祖律師與邱先生見面，理解整個司法的來龍去脈，李律師是東吳大學的憲法學教授，一路打到最高法院。三年後（一九九九年），大法官會議判決下來了，大法官認為耶和華見證人的司法遭遇，是一個憲法人權的違背，大法官責成行政機關處理解決這項對人權的違背。這項判決催生了社會役，一年後（二〇〇〇年）行政院與立法院通過社會役（替代役）。耶和華見證人不用再服兵役，而是以社會役替代，長達數十年的牢獄之災終於免除了。

上帝給予他們的試煉，他們通過了，也自由了。

事隔二十年，邱先生在社會役通過的那一年，與大人意外來了第三個兒子。兒子長大到二十歲，不用再受到兵役與服獄的困擾，所以他們選擇在兒子滿二十歲的這一天給我電話，感恩我，讓第三個兒子不用再入獄。

連續幾年，美國紐約耶和華見證人的總部領導到臺灣，邱先生都會陪同來見我。除了感謝，也表達他們對於不輸血的信念，希望我們對於不輸血的理由給予支持與報導。耶和華見證人任何情況下都拒絕輸血，但是可以注射血清蛋白。

我沒有做過不輸血的報導，但是看過一部美國電影，劇中一樣描述耶和華見證人，他們不只不服兵役，也拒絕輸血。劇中的美國青年罹患血癌，必須輸血，接受骨髓移植。但是父母親拒絕簽字讓兒子接受這項治療，兒子也堅定信仰，不輸血。然而醫院的醫師基於人道，向法院提起訴訟，希望給這青年輸血。法官面臨道德的兩難，決定到醫院看視這位青年，法官與病榻中的青年有一段非常愉快的談話，青年甚至彈吉他，兩個人共同唱了一首歌。最後法官判定，必須強制給予這名未成年的青年、耶和華見證人的信徒輸血，他獲救了。

兩年後，這位青年身體健康了，但是心靈迷惘了！他與父母關係失和，他離開家庭，青年也暗戀當年判決前曾到醫院看望他的女法官。他失意、他沮喪，結果血癌復發，最後在迷惘與悲傷中往生了。

失去信仰，似乎比失去生命更為可怕。

比起劇中被迫放棄信仰，最後放棄生命的年輕人，邱先生一家證實堅守信仰的最後福報與力量，這不是一般人能具備的勇氣。兩千年前的耶穌殉道，他的門徒彼得與保羅也都殉道，殉道的勇氣，是基督信仰最大的力量。

我很幸運曾經看到這些堅守信仰的人們，很幸運地遇上這麼好的家庭，也有富正義感的友人李念祖律師的協助，讓一群堅守信念的人，獲得最終的自由與幸福。

【後記回顧】

我覺得邱照安先生全家是「耶和華見證人」的典範。他們幸福、他們成功、他們受難，但是堅守信仰。這信仰最終給他們帶來遲到的正義與溫暖。我是在他們還挺得住的寒冬裡給了一盞光，跟著社會諸多正義的力量，引領他們走出漫長的冰封嚴冬。沒有比拋棄信仰更悲傷的。對於信仰的堅定者，即使受難，也能讓自我維繫著生命的光芒，這光芒或許一時不能照亮整個社會，但最終給予自身與他人帶來幸福與平安。耶和華見證人的正義終究還是來到。藉由這一群有信念的受難者的故事，給所有受難者超越苦難作有力的見證。

8
曝光

如果我不曾採訪他，他會不會安然以終，而不致將忿恨帶進他的長眠之地？

從外表看李錦章，並不像是一個身染重病的人，雖然他的臉色顯得有些蒼白，但是即使在不笑的時候，他的臉上還都是充滿著笑意。那分笑容讓人看了覺得歡喜，但對應著他蒼白的臉色，總也會讓人心裡懸著幾分的困惑。

然而不管怎麼說，雙重的致命疾病縈繞折磨著他十多年，他竟然還能從臉上堆出淺淺的笑容，可見他的生命力是極強韌的。高高的個頭，看起來應該很英挺，要不是他走起路來一跛一跛的，你不會知道他是一個病人。他的左膝蓋彎曲，那是因為缺乏凝血功能，當體內某一部分被撞擊，就會出血不止，血液終於在身體內凝結，最後破壞細胞結構，而造成殘疾。

那一天我到他羅斯福路上的住處訪問他，他來開門，神情顯得相當愉快。母親沉重地搭理著我們，父親從中風之後就一直臥病在床，家裡的經濟支出全靠姊姊的資助，面對這樣的生活處境，李錦章感覺起來還是挺樂觀。他坐在一張習慣躺臥的藤椅上，淡淡地向我訴說他天生的疾病，及因為一個行政疏失所造成更致命的生命威脅。

「以前當我只有罹患血友病的時候，我都會跟朋友講。因為擔心一旦我病情發作，出血不止，朋友可以送我就醫。但是當我又罹患愛滋病的時候，我都不敢向朋友說，因為他們如果知道我有愛滋病，大概都會離開我。所以十多年了，我都默默忍受，我也不知道、也不敢想愛滋病毒哪一天會把我帶走。」

他無奈落寞的眼神，第一次在我面前將他的笑容輕輕地抹去，顯露出微笑背後隱藏著長期的壓抑和哀傷。面對命運，他其實很無奈，一個長期禁錮他的血友病，雖然對他身體的行動及工作造成不便，但他的心靈畢竟還是自由的。而一直到因為輸打凝血製劑而感染愛滋病之後，他的心靈才跌進封閉黑暗的深淵，而那幽暗的深淵連白日的陽光恐怕都無能探究。除了家人的不捨之外，李錦章對外界保守他的祕密，深怕一旦洩漏他的痼疾，就會被排斥在社會的另一個暗角。其實他已經在那一個角落，只是他的臉還一直勇敢地向著喧擾的街頭，告訴自己仍然活在這熙攘往來的人群裡。

他跳上公車，一如往常每週兩次要到醫院拿藥並作追蹤檢查。我們的鏡頭跟著他，他顯得有一點興奮，我們的造訪對他來說或許就像是一道光芒，只是在幽暗的角落駐留多年的他，能否適應這即將到來的巨大光束？

一九九八年臺灣社會對愛滋病仍然有一種莫名的恐懼和不解，不解中也還帶有某些偏見。媒體對於愛滋病的報導也非常少。醫界出身的林耀興立委告訴我，臺灣有一群血友病患因為輸血而感染愛滋病。這群血友病患因為身上的凝血系統有嚴重的問題，所以必須長期施打凝血製劑。

而在一九八七年左右，全世界開始傳出愛滋病毒，一些吸毒者任意用針頭施打毒品，因此愛滋病毒透過針頭四處傳遞，而這些吸毒者一旦缺錢就去賣血，因此將自己身上的愛滋病毒就注入血庫當中。由於凝血製劑是血液製造的產品，是血友病患必須定期施打的藥品，施打血液製劑，注入能夠凝血的第八因子，才能挽救欠凝血功能的血友病患不至於失血而喪生。

為了預防血庫裡的血液因含有愛滋病毒，導致包括凝血製劑在內的血液製品含藏愛滋病毒，美國疾病管制局（CDC）在一九八六年向全世界發出一項訊息，告訴各國醫政單位，血液加熱到六十六度就能夠將愛滋病毒殺死，因此所有的血液產品包括凝血製劑都必須在製造前將血液加熱，以殺死愛滋病毒。這項訊息在美國立刻形成法律，美國疾病管制局甚至透過他們的週報MMWR向全世界通告。

但是許多國家包括日本、法國、臺灣等並沒有同步地制定一樣的政策，這種延遲造成無法彌補的後果。美國的藥商甚至將一些未加熱的庫存血液製品向這些尚未立法的國家銷售，這些庫存的凝血製劑當然含有愛滋病毒的危險。日本在美國立法禁止銷售未加熱的血液製品後兩年，才宣布該項政策，導致日本有將近兩千人因為輸打凝血製劑而感染愛滋病。而在臺灣，衛生單位是在接到美國疾病管制局的通告兩年半以後，比日本慢了將近一年，才宣布禁止販售未加熱的血液製品。

這遲來的政策讓五十多位血友病患因為輸打庫存的凝血製劑，而感染了愛滋病，李錦章就是其中一個受害者。透過陽明醫院的一位醫師，李錦章在醫院裡和我見面。初見到他的時候，他的神情彷彿告訴我，他等待這一刻許久了。他等待一個機會傾吐他多年的抑鬱，把他自己和許多其他血友病患感染愛滋病的悲苦，一股腦地宣洩出來。不過他始終很平靜，似乎在悲苦際遇的同時，李錦章依然得到許多的愛。是這個愛讓他平靜。

短暫交談，他就答應接受我的訪問。那次碰面，從此改變了他生命的全部。

我花了三個星期的時間，陸續走訪許多像李錦章一樣因輸血而感染愛滋病的病友，有些病友是李錦章介紹，有些是其他醫院的社工引介。從他們的訪問中，我似乎體會到什麼叫做遺忘及絕望。他們的生活似乎是在等待著死亡之神不預期的敲門造訪，這使他們的人生無法規畫。一位做縫紉師的病友過世了，他的姊姊含著淚告訴我，他們這麼多年來無聲地隱忍與悲辛。在那個年代，「得了愛滋病，怎麼向人家解釋呢？」她的弟弟終於默默地，無從向任何人告白解釋地結束他不到四十年的歲月。

我的採訪結束了。要播出了！

我找上林耀興及陳其邁立委，和他們商量如何來幫助這一群感染愛滋病的血友病患者。他們決定在節目播出之際，同時召開一個記者會，幫這一群病友向業者及政府討一個公道。

記者會召開前，李錦章及幾位血友病患及林耀興立委在延平北路的波麗路餐廳聚會。我建議他們都戴上面具，因為那個時期人們對愛滋病還是心懷恐懼，但是李錦章除外，因為他在我節目中是露臉採訪的。我同時建議李錦章還是先戴上面具，等到發表自我聲明告白之後，才卸下面具。卸下面具意味著讓他們的病苦被看見，讓他們的悲苦及委屈攤在陽光下，並能受到社會的重視。

〈為什麼是我？〉這節目在一九九八年的某一個週一晚間在台視頻道播出，當天下午林耀興及陳其邁立委和五位血友病患先召開記者會，李錦章在卸下面具的那一刻，嚎啕大哭，泣不成聲，畢竟那是生命長久以來沉痛的抑鬱所發出的。一時之間，媒體的聚光燈全都對準著他，這也是我預期的，他的照片就這樣上了當日晚報的封面。

在台視的節目播出後，加上晚報及日報媒體的大幅報導，第二天衛生署及藥廠會商，當天也找來林耀興委員進行協商，準備對感染愛滋病的血友病患做出賠償。他們商議結果，由政府及藥商共同賠償每一位病患四百萬元。其實這算是一個非常負責的態度及回應，但是李錦章並不滿意，他認為賠償金額應該更高。他和幾位激烈的反對者，傳真給林耀興委員指控他出賣血友病患。

雖然許多病患仍然接受這個補償，並準備提領這筆賠款，但是李錦章要求其他病患不要接受這一筆款項。他們更進一步地到臺中去抗議藥廠，希望提高賠償金額。李錦章突來的激進，讓我實在非常地驚訝，我曾經告訴他，林委員其實都是在幫忙，雖然有些病患對於賠償金額不滿意，但並不能據此就說林委員出賣血友病患，不要把別人的幫助一下子就丟到河裡。他表面客氣，但其實我沒能說服他。

原本在我播出節目之前，李錦章也希望我能夠在節目中進一步指控當時一位臺大血液科的醫師，他說該醫師早知道愛滋病感染的危險性，而該醫師隱瞞事實。我說這需要事證，不能憑藉猜測或推測來指控。在他越形激進，並和當時的反對黨人士逐漸結合進行抗爭之際，我也勸他不要從一個弱勢者變成一個激進的攻擊者，這會失去媒體及公眾的支持。他其實都沒能聽進去。隨著媒體逐漸淡忘這一件事，許多血友病患者接受補償金，我和李錦章見面的機會逐漸少了許多。

一年後，他有一次很高興地告訴我，他成立「血友病浮木濟世會」。那一天我請他吃飯，我們沒有談太多血友愛滋病的議題，他倒是談了不少扶木濟世協會的理念，我關心他的父母及他個人的生活，他是快樂的，但是看來他的內心已經不像以前那樣的寂靜和充滿著笑意。

那是我最後一次見到他。

節目播出後四年之間，我偶爾在媒體看到他繼續抗爭一家藥廠，並為愛滋病患的處境爭取公義。期間也有媒體將他塑造成揭發血友愛滋的大英雄，他也以此自居。但是我卻不感覺這樣的定位對他是一件幸福的事。

二〇〇〇年，我在中天電視所播報的新聞片段裡，看到病得很嚴重的李錦章。那則新聞報導中，他獨自到藥廠門口靜坐抗議，他的臉上已經明顯看到愛滋病的大片紅斑之痕跡。那一次坐在播報臺上，我播著他的新聞，內心有說不出的不捨和傷感。

兩年後我已經淡出商業新聞界，我看到報上一小塊的報導，說李錦章過世了，並將在近期內舉辦追思會。我想著那個追思會的日期，考慮要不要去送他最後一程。

最後，我沒有時間去。

但是我卻獨自揣想著，在李錦章生命最後的一刻，他是怎麼看待他的一生？除了悲傷及委屈之外，他可曾有一絲絲的安慰和感恩？

希望他有的。

希望他曾經從腦海中，閃過我曾經和他的那一分難得的知遇，希望他能想起自己悲苦的命運之際，仍不忘有許多的人曾經關心及企欲幫助他，希望他也能領略對抗不幸，其結果並不能改變不幸，只會強化它。但是我知道這只是我一廂情願推想，他沒有這種感受，要不然他不會在最後幾年顯得如此悲苦。

他因為悲苦被看見，但是在被看見、被關懷的那一刻，他沒有選擇離開悲苦，卻反而一直扮演著悲苦的角色。

他成立血友病浮木濟世會，自己卻一直沉在悲苦的水中。只有自己在岸上才能救起水中的人，我覺得或許他不是不能離開悲苦，而是長期地離群不是他的性格，意識深處他或許期待不斷地被看見，而悲苦是被看見的一個方式罷了！

我不知道我尋著他，對於他而言是喜？是悲？我太慢把他找出來，我生命的體會也太慢，沒有來得及告訴他這一切的道理，即使他未必能真正地聽進去。因為有太多的力量在拉他，有太多的媒體在後續的報導榮耀他，這些都推他走向「公義」、「抗爭不義」的神壇，他下不來了。

身為一個記者，如果再來一次，我也許不會要他曝光？我也許不會以他為最重要的一個病友？因為我沒有把握在為他伸張冤屈的同時，我能有足夠的智慧引導他、勸服他，讓他以正向的、感恩的心來看待他的不幸和悲苦。我為他最後生命的悲苦，感到很深的遺憾。

報導悲苦，或許我們記者只有報的能力，而沒有引導的智慧。「報真導正」，「報真導善」是我進慈濟之後，受到證嚴上人思想的影響。導善，不只是報導本身是善，是否對我們要幫助的受訪者本身也是善？這是我回顧記者生涯中最大的反思。

【後記回顧】

李錦章如同許多當年感染愛滋病的血友病受害者，在我的一次報導中，他們的命運終於被看見、被理解、被支持。然而李錦章在許多人的鼓勵與引導下，把自己化身為一切醫藥受害者的代表。從我來看，他從來就不是這麼具抗爭性格的人，他樂觀，好交朋友，然而在這事件之後，他踏進一個社會抗爭群體所期待的角色，這角色超出他的生命經驗，他無法掌握，更不知道對他將帶來何種影響。我沒有覺得這樣的生命像他，是他，該屬於他。我的報導不是要塑造他作為受難者的代表，而是要關照這些平凡的人，在遭受不平凡的苦難之後，社會應給予合理觀照與補償。

作為新聞記者，我們報，但無法導。我們無法導出我們要的成果，我們也無法引導受訪者的生命，我們只是呈現他，讓他被看見，讓他被照拂。我們發現傷口，但我們無法治癒。難道這就是記者的宿命？這啟發我之後寫出「建構式新聞」一的概念及書籍，希望新聞能建構而非解構，給予希望，而不是帶來悲傷；給予解決之道，而非僅挖掘問題；給予同理、給予公義而非中立。並期望新聞為建構一個良善幸福的社會而努力。這或許就是李錦章帶給我們新聞的反思。新聞或許帶來整體社會的正義，但對於新聞的對象，我們是否給予他們個人的生命帶來更美好的幸福？這永遠是作為一個記者必須牢記的新聞信念。

9 沒有歲月的河

親情像是一條沒有歲月的河，她穿越時空逕自地流著，時而在大地洶湧奔騰，時而在地底潛伏蜿蜒，她穿過層層的宇宙，把懷念的心靈，互愛的魂魄，牢牢串聯、緊緊包裹……。

一九九七年的某一天，我在台視接到一通電話，那是我在主持、製作《大社會》節目的期間。來電的人叫周鳳山，他希望我採訪他，幫他鑑定一下，他做的事有沒有道理？

「七年前的那一天，我的女兒小瑞瑞，」周鳳山在受訪時一開頭就跟我說：「她高高興興地牽著我的手，她說爸爸我們去理頭髮。她那模樣好像是這次她要作主，為我這個當爸爸的作主。我跟她高高興興地理完頭髮，我一直記得她那個模樣，小瑞瑞在她一生當中，有很多、很多、很可愛的模樣，可是我不知道為什麼這一幕卻是我永遠、永遠都忘不了的。七年了，頭髮不剪就是忘不了小瑞瑞牽著我的手去剪頭髮的那個模樣……」

第一次見到周鳳山，看見他留著一嘴長長的鬍子，綁著辮子的馬尾也有一百五十多公分長，堅定銳利的眼神、消瘦的臉頰，交織成一股沉鬱的、無可彌補的哀傷，高昂又時而嘆息的口氣，牽動出靈魂深處不可抑制的激動。

七年了，自從他六歲的女兒周瑞瑞在一次醫療誤診中不幸過世，周鳳山就好像跌進一個永遠醒不過來的惡夢一樣。那一天，他女兒說她肚子痛，夫婦倆帶著唯一的小寶貝到附近診所檢查，醫師說小瑞瑞是腸胃炎，沒什麼大礙。沒有醫事人員執照的醫師夫人給女兒打了點滴，開了一服藥就回家休息。

第二天，周鳳山真正的惡夢才隱然浮現。下午時分，小女兒的肚子還是痛個不停，周鳳山覺得情況不對，一陣模糊的不安掠上心頭，他隨即帶女兒奔向診所，沒想到在診所的病床上一躺，小瑞瑞就全身抽搐抖個不停。醫師覺得事態不妙，就衝進來說：「趕快送醫院。」

周鳳山抱了女兒上了車，女兒幾乎已經斷了氣，情急之下他又把女兒抱回這家診所；這家診所的醫師和醫師太太半轟半趕，把他們推出去，要他們趕快送別的醫院。周鳳山要求醫師陪著他們去，在一番爭執後，醫師的太太上了車，把幾乎已聞不到呼吸的小瑞瑞送到附近的醫院，送到的時候女兒早就已經氣絕。

事後解剖驗屍，小瑞瑞患了急性心肌炎，而這種疾病根據瞭解，沒有及時醫治或是誤打點滴會加速她的死亡。周鳳山悲痛之餘一狀告到法院去，控告醫師誤診，也控告醫師的太太沒有護理資格就擅自打針。但是這個狀子一進了法院就石沉大海，先是檢察官花了四年的時間才起訴這個案子，而七年之後法院的判決始終沒有下來。

為了女兒的冤死，周鳳山辭掉工作，研讀六法全書、自己寫狀子，到法務部、監察院、總統府去陳情，寫過的陳情信函及訴訟狀超過兩百件。但是這些工整、論述有據的手寫陳情函和訴訟狀，一篇篇都像熊熊的烈火所燒出的灰紅瓦礫，最後都消失在無情的、冰冷的黑暗裡。

七年來，周鳳山是法務部收發室的黑名單，一個幾乎被認為精神不正常的原告，甚至那一天我在法務部會客室和他會面，周鳳山在我面前披著白色的喪衣，寫著斗大的字——司法正義，激昂，更正確地說應該是憤怒地跪在法務部某官員的面前，嘲諷地要他們還給他正義，弄得那個法務部官員對他破口大罵。

那的確是一個尷尬的場面，或許你會說周鳳山在我面前做戲，但是我看得出來這之間的衝突和緊張絕對不是第一次，看著那已經有碎鬚的喪衣，也不知道他已經在多少個衙門的地板上翻滾過。可不是嗎？一個蓄長髮、留鬍子、白天不上班、晚上不睡覺、逢人就到處喊冤、捧著六法全書滔滔不絕講著法律和正義的中年男子，大概少有人會耐心地聽他說話，更何況他那個鏗鏘有力的大嗓門，總給人一種咄咄逼人、凶神惡煞的感覺。

第一天我到他家拜訪他的時候，他足足跟我談了三個小時的法律，談他如何和司法界周旋，告訴我那些檢察官怎麼樣拖延他的訴訟、怎麼樣掉包他所提供的證據，一口氣說完司法界怎麼樣欺負他的過程，但期間卻絕少提到他女兒和他之間那份濃烈的感情，那些令他心碎的點點滴滴。他是一個活在悲憤裡面的人，這是他給我最初的印象，但我知道這個悲憤的背後，一定隱藏著對他女兒絕對的愛。

回到公司，我的夥伴攝影師文安華對著我說：「這故事很難做，因為周鳳山一直在談一些枯燥的法律問題。」但我說，第一天讓他一吐七年來司法的鬱悶，明天再問一問他內心深處最柔軟的那一部分——他對女兒的愛。

其實周鳳山這個人，我的執行製作陳姝君已經和他接觸三個月，但他始終不願接受我們的訪問，一直到〈還誰清白？〉的故事播出以後——一個受刑人的媽媽一直喊著自己的兒子因為被刑求而入罪，後來經過我們的調查，他媽媽的說法可能和事實有距離；周鳳山在這個單元播出之後主動打電話給我，希望跟我談一談。在簡短的電話之後，他同意接受我的訪問，原因是他希望透過我的採訪，證實他這七年的執著是否是一項錯誤？

第一天他盡情地談論他最關心的司法問題，在第二次的訪談當中，我開始問他和他女兒之間的那份感情。小瑞瑞是他唯一的女兒，是他一生中的最愛，有別於他談司法與冤屈那副咄咄逼人的態度，談起他的女兒，他眼神裡有無盡的甜蜜與溫柔。周鳳山告訴我，他怎麼教導小瑞瑞，玩具玩完要收好，他每天下班回家就是陪著小瑞瑞。當時我是一個三歲孩子的爸爸，聽他這麼一說，內心倒有些慚愧，經常性地加班和出差，讓我沒有經常陪我的兒子。

思緒又回到周鳳山的身上，在他眼裡，小瑞瑞是非常貼心的女孩子，他幾乎從來沒有打過她。我問他給女兒經常唱的床前兒歌是什麼？他先是遲疑之後，還是緩緩地唱著：「我家門前有小河，後面有山坡……山坡上面野花多，野花紅似火……」他的眼眶泛著淚光，但眼淚始終不曾流出，而在斷斷續續的歌聲當中，我沒有聽到他聲音中的哽咽，但卻強烈地感受到在過去兩千多個暗夜裡，他內心裡難掩的悲鳴。

看著照片中的瑞瑞是一個聰明惹人喜愛的小女孩，在那最純真無邪的年齡突然無故地冤死，對一個父親絕對是無可妥協的失落、不可原諒的仇恨。有一次小瑞瑞在玩耍之間，突然跑來跟周鳳山說：「爸爸以後你要幫我……」對於這個突來的要求，周鳳山有點愣住了：「幫妳什麼呢？」還來不及問小瑞瑞，周鳳山就直接回答說：「爸爸一定會幫你！」七年了，官司未了、他頭髮不剪，就是為了這一世的承諾：「我一定要幫我女兒的冤死討一個公道……」

周鳳山這七年來的生活，基本上是靠他的太太做裁縫來維持，周太太支持她的先生七年來所做的一切，雖然娘家、親戚朋友會質疑周鳳山幾乎瘋狂的行徑，深不以為然，但是周太太仍然執意支持周鳳山為女兒所做的一切。也許那知道愛有多深的人，也才知道痛有多深。

雖然一路支持周鳳山打這七年絕望的官司，但為了避免面對那如刀割般的回憶，周鳳山和他的太太在小瑞瑞去世之後，就把她的衣物全部燒毀，而周太太也把自己投入在一天十六個小時的工作當中。我跟周鳳山轉達要求訪問他太太的意願，周鳳山說他太太已堅定表明不可能接受訪問，她不願上鏡頭，也不願意再回憶這段往事。我約周鳳山明天下班時去找他的太太。

第三天傍晚時分，在板橋一處大樓內的小紡織廠，我見了周太太。七年來她把自己埋進這個小空間裡，夜以繼日地工作，驅使她的與其說是工作的熱情，毋寧說是那似醒未醒、將盡未盡的悲情。她頗為愉快地告訴我說：「我完全支持我先生的做法，只要不訴諸暴力，我全心全力支持他，倒是我沒幫他什麼忙覺得非常慚愧……」我感覺到在我面前是一位平凡而高貴的婦女。她希望私下聊聊就好，她依然拒絕我的約訪，不要上電視。

回到周鳳山家中已是晚上八點鐘，她仍然拒絕我的約訪。在一口茶的時間之後，我直接告訴周太太，這次的訪問是為了讓周鳳山把他這七年所遭遇的各種委屈，和對他女兒的愛做一個完整的報導。但是我告訴她，周鳳山看起來有一點偏執，有一點狂熱，如果觀眾知道有一個平和溫柔的太太在愛著他、在支持著他，觀眾會覺得周鳳山不是一個瘋子，而是一個深愛女兒的父親、一個為正義勇敢奮鬥的人。

「妳的出現會緩和妳先生的剛烈所可能帶給觀眾的負面印象，我瞭解周鳳山，也很支持他，也願意透過報導來回應他的不幸，但是如果沒有妳的支持和現身說法，觀眾可能無法正確地收到我要傳達的訊息，或是給周鳳山一個正確的定位。」她的心意終於改變了。攝影師在這期間也非常有默契地遠遠架好攝影機，但我還是請攝影文先生坐下來，把攝影機擱在腿上，讓周太太完全沒有被採訪的壓力，讓她自然地說出隱藏七年的感受。

「啊！該說什麼呢？」畢竟七年了，什麼事能抵得過歲月？是吧，如果有眼淚也早已乾涸，如果有傷口也早已癒合。托瑪斯曼說，時間和遠行，都是治療哀傷的良藥；但是親情像一條沒有歲月的河，她穿越時空逕自地流著，你不用回憶、也無須提醒，你只消在夜闌寂靜的時分，自會聽見她在你生命最深處裟裟湧動著；或者，在人跡匆忙的城市喧鬧中，她突然地出現在街的盡頭向你炙熱地招手，或者，偶然間，她透著窗櫺、趁著月光悄然來到……因為親情是一條無聲靜默的河，穿過層層的宇宙，把懷念的心靈、互愛的魂魄，牢牢串聯、緊緊包裹……。

「我沒有資格當母親！」她緩緩地說著：「她就在我懷裡死掉，等於是我帶她去送死一樣，是我疏於照顧，才會有這個結果，我沒有資格當母親……」她抽搐著、眼淚不停地流下，周鳳山在一旁搖著頭，深深地嘆氣。我繼續問著周太太：「有沒有在這七年中夢見過小瑞瑞？」她說她常夢見女兒，有一次她看見小瑞瑞在一片亮光中回來看她，她微笑著靜靜地看著她，但隨即轉身走了。她追著她，突然間小瑞瑞走進一片黑暗中，她追過去，一把抱住她說：「小瑞瑞，媽好想妳、媽好想妳……」周太太的話停住了，四周的情緒淹沒在這位母親傷痛的淚水裡……。

她緩緩地說著。不知道過了多久，也不知道談了哪些事情，我又問周太太：「周鳳山告訴我，你們燒毀所有女兒的東西，因為怕觸景傷情。但妳有沒有保留任何小瑞瑞的東西？」還沒有回答我的問話，周太太隨即轉身進了她的房間，在櫥櫃的最底層拿出一套紅色的小套裝，還有一頂小帽子，她說：「其實我瞞著我先生偷偷留下小瑞瑞的一套衣服……每次想起小瑞瑞的時候，我就會拿出來看一看，她當時就是這麼大……」

周太太細心地攤開這件五歲大小孩穿的紅衣服，放在膝蓋上深深地凝視著，那張略帶淚痕的臉上有一股沉沉的憂鬱，和一絲絲看不見的微笑。我沒有忘記告訴我的攝影師，把鏡頭轉向周鳳山，周鳳山在一旁深深地嘆了一口氣：「寶釵，妳為什麼從不告訴我？」「當然不能讓你知道，知道了，你看見會很傷心。」

你們有沒有想過要再生一個孩子？「我沒有資格，真的沒有資格，一個我們都沒有照顧好，我絕不敢再生小孩。」周太太仍然哽咽地說著。我回頭問周鳳山有沒有夢見女兒的經驗？他說他也不知道為什麼，小瑞瑞從來沒有進到他的夢裡，或許是父親答應她的事情還沒有辦到，所以她不來見我。周鳳山臨了還告訴我，他忘不了從診所抱著快斷氣的女兒被轟出來的感覺，官司他要打到底。

我離開周鳳山的家裡已將近午夜時分，我心中的感受是悲喜交集，這畢竟是一個悲傷的故事，但在這悲傷的故事我看到兩個平凡而執著的靈魂，周鳳山的狂熱讓我尊敬，也讓我震驚。而周太太則是一位我有點望塵莫及的人，或許我的職位成就比她高，但她有一顆比我更單純而高貴的心。周太太對女兒的愛，對先生的支持，投入卑微的工作，默默承受命運加諸在她身上的一切，絲毫沒有怨尤。

在佛教及新時代宗教的觀點裡都強調多重生命觀，在《個人與群體事件的本質》一書裡曾說，人在宇宙中其實有多重的生命體，他們同時存在這個宇宙，每一個生命的層次都是要造就一個更大的本我。這個觀點有點接近佛教的說法，佛歷經千百劫以求得完美的本我。從這個觀點看來，我會認為周太太在別的生中，或許就是一位修持相當好的人，而在這一世她藉以歷練學習，如何從一個卑微的生命，看待人生，如何用平凡的心，面對命運所加諸給她的悲劇和無明。

平凡和偉大、卑微和高貴，從佛教和賽斯的觀點，都是具有多重意義的。在面對這些無常的悲苦之後，人應該可以學習著用更寬廣的宇宙觀來看待此生，評價世人，觀照這個世界。

周鳳山這一集節目並未對法律判決的本身著墨過多，多半談的是他對女兒的愛，和他在醫療及司法體系中所遭受的挫敗感。節目播出之後不到一個星期，延宕七年的法院判決奇蹟似地下來了，周鳳山所控告的診所醫師被法院判決延誤病情有罪，處十個月徒刑。周鳳山在電話那一頭快樂地告訴我，小瑞瑞的冤屈獲得伸張了。這是周鳳山第一次露出快樂的口氣。在後來的一次採訪中，我從一位醫師口中了解到心肌炎是很難診斷出來的疾病，那位誤診小瑞瑞的醫師，不知道是醫術不精，還是小診所設備不足，很難檢驗出大病？

數月後，我從周鳳山的一紙傳真中得知醫師的太太，也因為沒有醫師執照幫人打針，而被法院判處四個月徒刑並易科罰金，在這之前，那一家診所早已經歇業多年。周鳳山要的正義終於來到，他的心情明顯寬慰許多，以他七年來對法律的研究足以從事法律工作，我建議他乾脆去考代書或到律師事務所任事，他說會考慮。

一年過去了，他的頭髮還是沒有剪，還是在家中寫狀子、研讀法律，他說想為一些受司法冤屈的人伸張正義。

我不知道他究竟是愛上法律？或是愛上那種挑戰司法的感覺？抑或是多年下來，他要實現的夢雖已達到，但是夢似乎還一直延續下去？

莫非那上千個失眠的夜晚、數萬言的陳情書和司法訴訟，只是為了能繼續溫柔地繾綣在對女兒的愛中？

或許我應該打一個電話給周鳳山，問他頭髮究竟剪了沒有？

【後記回顧】

每次我想起周鳳山，都會記起他落寞傷感又飽滿著愛的神情。對女兒的愛，可以這麼深，這麼切。他的愛是外顯的，而他的夫人對女兒的愛一樣深切與熱烈，但卻是內斂的、默然的。沒有人能回答為什麼孩子來了，又突然走了。這就是生命的無常。我們的確無法掌握自己與他人生命的長度，但我們能掌握自己生命的深度與寬度，這是我的恩師證嚴上人對許多失去親人的弟子所作的教導。然而，對於他人生命的長度與寬度我們如何理解呢？如果小瑞瑞有知，她應該會希望她的父親、母親能夠幸福。一樣完成小瑞瑞的願望，期望與祝福周鳳山與他的夫人，能找回生命中的甜蜜與幸福。

我當年沒有給他任何的建言，也無法給他。但是我尊敬他、感同他，也很疼惜他。如今，我希望能以文字見證他對女兒的愛，也祝福他能在愛中找回自我的幸福。如同我在〈洞穴裡的光〉一文中所描述：「我們可能失去愛的人，但是我們永遠不會失去愛人的能力。」延續對自己女兒的愛，他或許能夠去愛更多的人。持續地愛人，就是對悲傷最好的療癒。

10 祖靈的孩子

撒可努（Sakinu），是一位排灣族的作家，也是一位森林警察。我去拜訪他的那一年，他還在臺北的保安大隊任職，當時，他的漢名叫做戴志強。

我跟他的會面不在臺北，而是在他的故鄉——臺東太麻里的香蘭部落。我記得見到他的時候，他穿著傳統的部落服裝，邊跳舞、邊唱歌。服裝很美，頭上的冠還插著美麗的羽毛。我看過原住民舞蹈，但是那一次，我感受到一種很深的靈性之美。

撒可努是極具靈性的青年，他的靈性來自他的開闊、他的單純、他的熱情。他創辦「獵人學校」，帶領部落的年輕人重回古老部落獵人的精神，尊重長老、尊重自然、尊重獵物、尊重萬物。

撒可努的父親就是獵人，他稱他的父親為「走風的人」，行走在風的頂鋒的人，風對森林是無傷害的，風無形無狀，如同獵人行走在森林之中，如風一般的輕盈、無聲、悠遊、自在，同時敏捷、靈動。風在森林中來去自如，正如獵人以森林為家，以森林為歸宿。

部落的祖先生活在森林裡，死後也回到森林中。撒可努以部落的一位祭司在喪禮中的一首詩句分享給我：「去吧！去吧！在山與天的交會處，追逐著雲與風的舞蹈……去吧！去吧！祖靈正在山的那一頭等候……」好美的詩句，對於死亡的歌頌，對於萬物一體的感悟，這是排灣族撒可努給我的震撼。

撒可努並不是一開始就這麼地靠近部落的靈魂。他在一次夢中，夢見一位長者傳授給他一項他從未見過的技藝，醒來後，他竟然具備這項失傳已久、古老的雕刻技術。這經驗如同心理學家榮格（C.G. Jung）所說的集體潛意識（Collective Unconscious），人能通過夢境、冥想與瞬間閃過的意識，可以通向集體潛意識。

人活在集體潛意識之中而不自知。從榮格的觀點，人的生命與他人的生命，個體與群體、今生與前世、個體與萬物，都是通過集體潛意識相關聯。

撒可努在經歷許多古老靈魂的呼喚之後，他逐漸地從都會生活，漸漸轉向部落的生活；在森林中，在耆老的智慧中，他逐漸回應古老祖靈對他的召喚。當時撒可努還住在臺北士林的時候，他經常穿著傳統部落的衣服坐捷運，當時自然很引人側目，但是他很自在。他逐漸找回自己的文化認同，找回傳統精神給他的自信。

所以撒可努創辦了獵人學校，希望帶領在現代生活中忘記祖靈智慧與精神的年輕一代，回歸傳統。他並不是帶他們打獵，而是教導他們認識森林，認識自然。他以父親為偶像，教導年輕人認識排灣傳統對獵物的態度：「不是我趨向獵物，而是獵物向我投身、迎來。」這是父親給予撒可努的教導。不義之獵，非祖先所遵循的獵人精神。獵之以義，獵之以情，是祖靈的精神與智慧。尊重一切生命，尊重一切萬物，是撒可努傳遞給青年的部落傳統。

我的確跟隨撒可努與他的父親進入森林。

當時，我與攝影團隊上了撒可努的小貨車，約在晚上十點出發，奔逐在山林的道路上，開了近兩個多小時，進入一處深密的森林。我們當然要緊緊跟隨撒可努的腳步，他用探照燈往高聳的樹梢一照，讓我看；我看見雙眼發亮的飛鼠，直直地注視著探照燈，一動也不動。這是他們有了近代科技工具以來，打獵的方法。飛鼠會穿越在山林之間，他的父親不用探照燈，就能聽見飛鼠的氣息。

我們在森林中走了四個多小時，一路聽撒可努告訴我森林與打獵的古老事蹟。不知不覺，已近天亮了。五點鐘左右，我和他離開森林，在回程的車上，我們似乎從一個世界，進入另一個世界。

對於撒可努來說。森林中有精靈，有惡靈，也有祖靈在庇護。在進入森林前，心存敬畏；進入森林，與自然融合為一，如風一般，不驚擾任何生命；然後等待獵物自願投向你，這是獵物與獵人神聖的約定，這是獵人的哲學與智慧。

敬畏、融入、自在、非我，才是排灣族人的「喜獵」。

撒可努從小就跟著父親進入森林，父親教導他獵人的哲學。有一次撒可努與父親一起找尋飛鼠藏身的樹窩。父親熟練地用網袋封住了樹的洞口，然後敲打樹幹，這通常會引飛鼠跑出來。但等了好一會兒，還是不見飛鼠的動靜。父親於是很讚歎說：「哇！這隻飛鼠有上過課喔，可能已經國小畢業了。一般的飛鼠只要網袋套住了樹窩，就會直接朝袋子衝出，入了羅網。奇怪，這隻怎麼不飛出來？」撒可努在一旁很好奇地問：「飛鼠真的有大學嗎？」父親答：「當然有啊，你要想成為一個獵人，還有很多東西要學習呢！」

我記憶中，他的父親很沉默，看到我們總是微微地笑著。他叫著Sakinu、Sakinu，很像是呼喚親愛的老朋友。從我的觀察，他父親那一輩，在現代生活的衝擊下，生活方式急遽改變，他們以生存為核心，沒有建立起自我的文化自信，反而希望能融入現代生活，希望能夠漢化。到了撒可努這一輩，生存不是問題，重建文化的自信成為部落的新課題。

撒可努送給我一副山豬牙，我掛在書房好久一陣子。「何哥」，他總是這樣叫著我。我從沒有看過他憂愁，總是露著白白、整齊的牙齒笑著。撒可努唯一讓我覺得他很掛心的，是部落有一塊土地，部落頭目希望買下來作為部落祭祀祖先的聖地場所。那一天，他帶我到這片土地上，虔誠地祈禱著。突然間，很神奇，天突然下起雨了，毛毛細細的雨，雨滴就只落在這一片數百坪不到的土地上，其餘旁邊土地還是一片乾燥。似乎祖靈回應了撒可努的祈禱。

撒可努祈禱完畢，和我說了一下他的期望，希望這片地是給予部落回復傳統的聖地。他的話說完沒多久，雨也就停了。所以我當下就說，撒可努，你是「祖靈的孩子」。

我和撒可努的友誼一直延續至今，二十多年過去了。他從都市警察到成為臺東的森林警察。重回森林，還是警察，保護著森林，這似乎是排灣傳統與現代生活的和合。

他常跟我說「我明白你的明白」。人心的交融與理解，都在這無言之中。他說：「我們部落的朋友消弭怨懟的方法，可以是在無形的互動中，你給我一顆檳榔，或跟我笑一笑，『我就明白你的明白。』」

有一次我請撒可努到花蓮慈濟的靜思精舍走一走，他來了。也見到證嚴上人，撒可努送給上人一個木雕刻的圖騰，告訴上人：「這圖騰的意思是讚歎您是大慈悲者。」與上人的會面還有許多朋友，撒可努的談話並不多。而事後，撒可努告訴我：「今天我見到一個大生命！」

我又想到集體潛意識。人與人的連結，人與人的靈性相應是非語言的。見到上人，似乎融入了巨大的慈悲與智慧的能量之中。

撒可努持續地在部落推動獵人學校，偶爾會有都市富有家庭的媽媽，聽聞撒可努森林學校的故事，就把乖戾的孩子送過來，要撒可努調教。曾經，一位乖戾的孩子，誰的話都不聽，恃寵而驕的孩子，天不怕地不怕。母親從臺北開車過來，就把孩子交給撒可努。撒可努帶這孩子進入森林，讓他了解森林的奧祕。有一次，他刻意將這孩子單獨留在森林裡，這孩子孤獨地一個人在森林中，感受到極端的恐懼。他知道恐懼了！

若干小時後，撒可努出現了，孩子驚嚇未定，第一次，孩子展現對物、對人的敬畏、尊重與感慰。

「敬畏、謙卑、非我」才能是被賜福的人。古老排灣族的智慧與精神，震撼著沉迷現代物質文明的青年心靈。

「何哥！」撒可努對我說，「我一直記得您跟我說的一句話：『Sakinu，不要停留在一條河道裡，要通向大海！』」撒可努致力於讓獵人學校屬於普世精神，是屬於全世界的獵人學校。

二〇〇四年我在香港的一位朋友 Cindy Theil，她是電影製片人。Cindy 和我聯絡，問我認不認識 Sakinu？我說我們是好友。Cindy 讀了撒可努的《山豬・飛鼠・撒可努》這本書，很感動，想把它拍成一部電影。於是在引薦下，他們於二〇〇五年拍成了一部 *The Sage Hunter*。這部電影在全世界的影展播放，描述排灣族青年撒可努與他父親的森林哲學與獵人智慧。撒可努也因此到美國各地演講，分享香蘭部落的排灣族獵人精神，逐漸地走向世界。

撒可努與他美麗靜默的妻子阿珍有三個女兒，戴雲、戴晴、戴嵐。三個女孩個性迥然不同，活潑、聰明又美麗的女孩們，讓撒可努充滿了為父的歡樂與幸福。在給女兒們的一封信中，撒可努說：

「妳們三個擁有著完全不同的性情，母親在妳們出生的那一刻，堅持要用自然名來取『名』，妳們就是屬於自然的一部分。妳們母親問我，為什麼不直接取原住民的名字？我的回答是，我的女兒是不是原住民，不是因為她有著原住民的姓氏，而是她所散發出來的特質和氣質，就是原住民。」

「妳們的樣子會不會是原住民，那是我們做父母要認真努力去實踐、提供、引領的生活方式，如果光有原住民的名字，光有身分，卻非是原住民的樣子，那又有何意義？」

「這個世界會美麗，是因為我們的堅持和熱情，而非妳的聰明才智，有時候，愛比信念更偉大，用更寬廣的心去看這個世界，妳會發現『我是原住民』是多麼的榮耀！」

是啊，一次在部落的聚會中，撒可努邀我參加。他讓我跟部落的青年們說說話，這些青年多數在都市中工作，偶爾回鄉參加撒可努的獵人學校活動。我跟他們說：「您們要常回部落參加傳統的祭儀，那些傳統的祭儀中，您們的生命會更完整。在這種儀式中，祖靈與您們，長者與您們，乃至森林與您們，萬物與您們將會合一起，這是集體潛體意識的匯聚。您們會找回自我生命的價值與文化的認同。您們可以反思，您們除了名字是原住民之外，您們生活的哪一部分是原住民？您們的生命觀是否保有部落的精神與價值？」

今日的撒可努積極地想建立一所「獵人小學」。三年前，一場意外的火災之後，原本獵人學校的建築物與自家的房子都燒毀了。還好人都平安，朋友們捐助資金讓他蓋回房舍。撒可努跟阿珍說：「我們都五十歲了，把心力放在獵人學校吧！」於是他們租了一個房子，把一切的捐款都集中在興建獵人學校，五座雄偉、美麗的獵人學校建築就這樣樹立起來了。撒可努的願望，要把獵人的精神繼續傳遞到全世界。「獵人學校是世界的，不是排灣族的。」撒可努這麼跟我說。

二〇一八年撒可努到日本一趟，與一群射箭人士交誼。這些日本射箭手每日集中射箭，他們和撒可努說：「射箭是跟自己在一起。」這句話給撒可努很大的啟發。他的獵人學校有很好的射箭館，部落的朋友把射箭當作是交誼、是比賽。日本的射箭手是把「射箭視為與自己在一起」。箭是心，箭與心，箭與靶，都合一了。射箭正是鍛鍊禪定的工夫。

「敬畏、融合、自在、專注、非我」，最後回歸「萬物是一」，是獵人進入森林中的心靈鍛鍊。

在廣大的森林與萬物之中，世界在我心中，我是世界。

撒可努的獵人精神，伴隨著他的著作《山豬．飛鼠．撒可努》已翻譯成多種語言，將排灣族的獵人哲學推廣到全世界。而獵人學校的實驗場，是心靈的鍛鍊場。它吸引無數脫離自然的人，活在孤獨中的人，輕玩逸樂的人，乃至被固化在體制中的人，重返森林，重返大地，回歸自我的本性，用敬畏與感恩，與自然合一，與萬物合一。

【後記回顧】

二十多年來，我與撒可努的見面與聯繫是間隔而相續，遠而不疏，親而不膩。每一次總是真摯而深遠地打造我們長久的情誼。

我第一次見到撒可努，我就認為他是祖靈選定用來復興部落文化的種子。他的純潔、熱情、自信與沉斂，超越他當時的年齡。一個當年才二十多歲的警察，沒有被龐大官僚的框架所影響與禁錮，仍然保有無比的浪漫、熱情，誠懇又敬重，他是我見過最優質的原住民青年。我感覺他是祖靈賜予部落的珍寶，我覺得他是人類靈性世界重要的資產。他的獵人學校不打獵，而是啟發一個獵人對萬物的敬重與同理；對部落的忠與誠，對族人的義與敬。在失落的那一代，曾想望著漢人的生活的先輩，犧牲了幾世代人，而造就出這自信的一代原住民青年，勇於打造自己的夢想，建構自己的文化，甚而啟發更多的族群與人們反思生存與生命之道。這是撒可努的夢想，這是我看到他來到世間的使命。

一個未完成生命，正勇敢與熱切地奮鬥著，是帶著優美與悠然的心在奮進，如同一條秀麗的河，一路歡唱，流經大地，奔向海洋。

11 躍升的鳳凰

一個年輕略帶粗獷的少女，一個在臺上唱腔頗佳的歌仔戲戲班子的當家小生，一個在臺下對著搬道具的團員指揮若定的小姊頭，一個每天在家中燒飯的女兒，一個掌握家族戲班子生存大計的管理者，一個演戲回家必須到市場賣菜的女孩，一個維繫家族藝術命脈傳承的繼承人，她叫柳芳秀。

你不會輕易地把這一連串不甚搭襯的描述放在一個女孩的身上，但那就是她。那一年，芳秀才十四歲，剛剛上國二，生長在歌仔戲世家，戲班子缺角色了，她的父母和姑姑強迫她去軋一個角色，從此芳秀就踏上歌仔戲的路。回想第一次上臺，含著淚，十多載過去了，從不喜歡歌仔戲到愛上它，芳秀一直告訴自己演歌仔戲很好，這句話未必是出於無可奈何，而是被一種巨大的、悠久的、莫名的力量所選定之後的一種漠然的心情。

一九九七年這一年我見到她，她已經二十好些。見到我，「何大哥、何大哥」地叫，很像是小妹一般地親切。個頭不頂高的她，說起話來頂氣派的，一種掌握住自己命運的豪氣，在她的眉宇間散發著。雖然說歌仔戲是一個沒落的行業，但她說她要繼續傳承歌仔戲這個行業，並為它建立一個嶄新的社會形象，她說：「我想一直演野臺戲，我要戲團進入藝術的殿堂！」

屏東的五月是炙熱的，車行經過之處有一種熱帶的風情，涼風不情願地捎過臉頰，若有似無，給人一種沉甸甸的煩悶之氣。進了柳芳秀的家，這才覺得涼爽些，家裡打理得十分整潔，芳秀的父母打了個招呼，並沒有鄉下人看到訪客來臨的那種熱絡，但也不排拒，只是有些許靦腆和驀然。芳秀坐在一個沙發上，我們選擇背著穿廊靠近廚房處為她做專訪，她娓娓道來她怎麼被這個巨大的集體意識給選中，而走進歌仔戲的生涯。

她命苦，至少回憶起來仍是如此。那一年，她還一直希望繼續讀書，可不是嗎？才十四歲，正值青少年時期，但家裡頭的事業卻需要人手。在那個年代，歌仔戲已經被電視打敗，只能在一些像廟會等的特殊場合演出。在電視聲光科技及流行歌曲的衝擊下，歌仔戲的演員甚至戲唱到一半，順勢就唱起流行歌曲，所以更顯得不倫不類。隨著它的沒落，自然來學唱戲的人就更少了。柳芳秀就這樣踏上家族的步履，傳統的力量緊緊抓著這一位堅韌的年輕女子，像是即將凋逝的戲曲最後的神聖祭品，或像是它死而復生的一個印記。

「唱戲很苦。」芳秀邊化妝，眼神看著鏡子，用全副的心情向我細述過往的一切寒酸及悽楚。化妝對她來說似乎只是一種下意識，一種不必思考的自然動作及判斷。她邊說著話，邊用力地拍著厚厚的粉，白色的粉末一層層地覆蓋住她年輕的臉龐，而回憶及感傷就像覆蓋著心靈的塵土，一層層地褪去。演戲都是到處睡，到處流浪，演到哪裡，住到哪裡，沒有廁所，只能向鄰近的住家商借。晚上睡在戲棚後面，颳風下雨不算，戲班子幾十人睡在一起，幾乎沒什麼隱私，冬天的風吹得更是刺骨，有時候棉被給雨打溼了，整夜不知道如何入眠。

有一次在臺北演出，借人家的菜市場睡覺，一家人睡在賣菜及豬販商的檯子上面，到凌晨三點多，賣菜的來了，全部被趕起來，只好蜷在市場的一旁，繼續打瞌睡，惡臭陣陣撲鼻而過，但是敵不過睡癮的奴役趨使，也是熬過了。但只是一直覺得演戲很沒有尊嚴，臺上似乎還算有點風光，但是回到臺下、戲棚下，比起賣菜的小販都還不如，至少他們還有家好回，有遮風避雨的臥房好睡，但是唱戲的就只能屈居在各種的屋簷下，踉踉蹌蹌地四處為家。

紅色的眼影塗在她的雙頰，遮住了她的臉上原本應是蒼鬱的神色，要不是眼神泛出紅色淚光，交映著粉紅的雙唇，我們不會輕易知道歲月在這年輕女子的心上所烙印的深沉哀傷。

唱戲的生涯是漂泊的，這種艱苦其實是難熬的，許多戲班子的人因此也發展出許多打發無聊及寒悵時光的方法，其中一個方法就是打牌，其實就是賭博。芳秀的父母也沒有例外，特別是唱戲的邀約越來越少的情況下，牌就打得更厲害。

十七歲開始，芳秀就已經擔任起家計，除了演戲之外，沒戲唱的時間她必須到市場上去賣菜，以維持家計，而父母親打牌的習慣經常弄到家裡難以為繼。相信一定經過不少的爭議及堅持，芳秀逐漸地掌握了接戲和戲班子的理財大權。

從她口中淡淡地說出這一段往事，顯得無奈但深切，顯得一絲的憎惡卻有最終獲勝的神氣。芳秀沒有染上菸酒，也沒有聚賭的習慣，不可思議的一顆種子，生存茁壯在一個傳統社會悠久的劣習之上。或許忙於家庭的生計，或許生來堅毅的性格，不會也不必藉著菸賭來逃避命運的頓挫，但是，她的經濟權柄並不如想像那樣優渥，只是不再被突來的拮据追著跑。從十七、八歲開始，唱戲、賣菜、煮飯成為她生活的全部，她沒有時間抱怨，也沒有時間染上各種逃避逆境的惡習，一個獨立不羈的強韌生命，在現實熬煉中，發展出她獨特的自信及生活智慧。

對於芳秀來說，周遭人們的人生像戲臺上一樣的酸、甜、苦、辣，而表面看來她雖然也是命運多舛，但是她的內心世界及生活卻出奇地單純。一個年輕生命不可思議地經歷了這些，她卻對我說：「唱戲很好。」芳秀雙眼平靜地正視著我，緩緩地說著：「不管怎麼樣，我都必須說它很好，畢竟我已經唱這麼久的戲了。」

這比較不像是無奈，比較像是默然接受命運之後所生出的一種自我肯定。

我對唱腔不是很會欣賞，但戲臺上的芳秀的確有大將之風，臺下聚集了五、六十位觀眾，有老人、有小孩，觀眾不多，但是戲班子的演出卻十分地帶勁，和她演對手戲的角色，是一位才加入戲班子沒多久的漂亮年輕女子，身材高大、面相姣好，演起戲來十分搶眼，只是戲味還稍嫌生澀。這是芳秀找來的班底，一次到鄉下演出，這位年輕的學生看到芳秀演出，一連三天，她就自願加入戲班子，跟著芳秀浪跡天涯。當然經過家庭革命，畢竟一個年輕女孩子學唱戲，對父母來說多麼不可思議；但終究父母了解了，順從了孩子的興趣，芳秀就這樣多了一個清純的好班底。還有一位姓潘的年輕男孩子，大學畢業看了芳秀的戲，就自動加入芳秀的劇團當起企畫行銷。小潘對傳統戲曲本來就有興趣，看到芳秀這麼努力及有理想，就來幫忙。薪水其次，憑恃的是一股復甦傳統戲曲的理想及熱情。

幾位年輕人決定重新打造戲班子，他們說他們要進高雄文化中心演出。我說很好，要當躍升的鳳凰，不要當一隻消失的麻雀。

採訪的第三天，我跟著他們的行程到達高雄文化中心去洽談演出事宜。芳秀顯得不卑不亢，但興奮之情不需特別觀察，因為它是從整個身上散發出來的。這是第一次接洽，過程順利，雖然它還只是一個可能性。芳秀藉機到文化中心的大舞臺上站著，我從背後看著她一個人站在舞臺上，想著，那會是她的許諾之地？從十四歲站上戲臺的那一刻，命運一路引領她逐漸看見自己，最終並向她展現動人、多采的光華。

從野臺戲到這裡的距離有多遠？從市場中睡眼惺忪被驅趕的一個唱戲女孩，到站在這藝術殿堂之地，接受歡呼及掌聲的際遇究竟有多不同？想必此刻她心中百感交集，想必過往種種的形象會在腦海中閃過，向心中湧現。

她回頭看見我看著她，一種愉快靦腆的神情躍然臉上，我看見一個年輕的生命因為盼望而不凡，因為欣然接受命運，於是就更逼近一個夢想的實現。

半年後，芳秀寄給我一張高雄文化中心的入場券，她終於站上文化中心演出了。演出前，戲團忙得不可開交，芳秀給我打一個電話，要我務必出席。我到了現場，她的父母、親戚全都到場幫忙，這是戲班子的大事，是全家的光榮，是芳秀年輕歲月奮鬥堅持的成果，怎能不欣喜若狂？我記不得演出的細節，只記得自己穿梭在臺前臺後，分享關注他們每一個時刻的震動及喜悅。演出成功順利，最後終曲，芳秀站在舞臺上，感動地流著淚，感謝許多人的支持及鼓勵，她在感謝群中也提到我，我為她感到高興。

一個生命的完成竟是如此地沒有選擇，如此地艱辛甚至坎坷；但正是這艱辛及坎坷，造就一個強有力的生命，正是那超乎個人的選擇，考驗了一個悠遠時代所留下的藝術，如何以重新的面貌向世人顯現它自己。

從某一個角度來說，芳秀從沒有選擇自己，她只是被選定；但是因為她的認命和單純，卻改變這「被選定」及「選定」的關係。那被選定的，重新選定了一個那選定她的力量，將以何種面貌，繼續地存在於這個充滿挑戰及多變的人世間。

【後記回顧】

第一眼看見柳芳秀我就很喜歡她，她的那種率真、真誠、無懼，讓我很欽佩、也很歡喜。我是她眼中的大哥，雖然許久未見，但我相信她心裡有一小塊空間放著我的記憶，正如我總是會想到這位堅毅有趣的女孩；盼望著、奮鬥著讓這傳統的，看來即將沒落的戲曲，能登上主流舞臺——高雄音樂廳。那時，我真正地為她祝福，為她高興，我也參與了她那一次登上音樂廳演出的莫大榮耀。她是一個認命而不被命運驅使的勇者，這不是一般人能做得到的。對於苦，她嘴裡說著，但是心裡很釋然，這是一種超越的力量。我不知道她的這種力量來自何處？她渾然的自信來自何方？但是我知道，當她盡力做到每一件周遭的人都希望她做的事，哪怕是不合理的付出，她都甘心去做，這使得她成為一位天然的領導者。這是她自在、自信的泉源。柳芳秀的故事不是一位地方戲曲家如何成功的故事，而是一個人如何締造自己生命的故事；一個在看似無可選擇之中，締造出自我主導的生命典範。

12 童年的封印

在我小時候，每當有小孩子哭鬧不停，父母親都會說：「再哭，再哭！警察來了！」警察來了，孩子就不敢哭？對我父母親那一輩而言，他們看過日本警察，留下的記憶是警察的威儀與威嚴。

我第一次對警察生活有真正的了解，要回溯到我國小二年級時期。有一位同學，她的爸爸是警察；芝芳長得可愛，靦腆的神情，話不是很多。她是轉學生，多半是因為爸爸常常調職到各地的緣故。我還記得當時班導師介紹她的情景，芝芳站在臺上，穿著一件厚厚的毛絨藍外套，感覺有點貴氣。至少在我們那所鄉下的學校——四結國小，我們很少看到這樣質料的衣服。

芝芳在五年級左右又轉走了，去了羅東，同學之間不時還有她的消息。國二時期，驚訝地聽到芝芳的爸爸病逝，年輕的爸爸突然間離開了。我們幾位同學去看她，我記得芝芳漠落又淡然的神情，母親除了招呼我們之外，一語不發。我第一次看到警察的住處與生活竟是如此的簡單，其實應該是有點簡陋。我知道他們的生活應該很困難，家中唯一的經濟支柱不見了，警察的撫卹在當年並不多。於是，我發起同學間募款，忘記募了多少錢，總是給芝芳家庭補貼生活之用。

這是我第一次做慈善吧！這也是我第一次看到警察的真實生活情況，至少在那個年代。

我曾是新聞記者，與警察當然有很多的接觸與互動，但多半都是在工作中，很少觸及他們的真實生活。曾經在中部採訪時，看見一位派出所的警官開著賓士車，對我們記者來說，這不算是好印象。因為我們通常知道，警察生活一向中等水平。

我常認為，警察是最危險的工作，危險指的不只是冒著生命危險逮捕罪犯，也包括心會被惡勢力侵蝕的危險。警察是黑暗勢力對抗的對象，也是黑暗勢力亟欲腐化、或直白地說「收買」的對象，這是警察最危險的陷阱。警察在第一線打擊犯罪，他們看到這麼多罪惡，卻必須對人性的善仍然抱持信心，這是對人性極大的考驗。警察最大的痛，是在逮捕犯罪者之後，被其他更大的勢力介入，讓犯罪者輕易過關，這時候的警察會困惑、會失望，甚至會逐漸走向墮落。

曾經有另一個警察的故事，一直深藏在我心中。他不是這種因外在誘惑而墮落的故事，而是一位被童年的內心印記所綑綁，而走向悲劇的故事。

在我主持製作臺灣電視公司《大社會》節目的那些年，我親訪很多悲苦的故事，我很能感同身受；聽他們的故事，我常常很感傷，也能以同理心理解並報導他們生命的故事。許多受訪者的確在我的訪談中重新看到自己，給予自己力量，這是我當記者最大的成就。採訪中，經常聽到感動處，我多半能忍住眼淚；除了有一次，我竟在採訪中淚流滿面，那就是警察吳金龍的故事。

吳金龍，才三十歲出頭就已經是功勳彪炳的警察，破獲多起地下槍械工廠、走私、販毒等重大刑案。常常出生入死，可堪稱是刑警中的刑警。但是有一次，他將一把槍交給一位線民，請他與非法槍械者交涉，提供警方訊息。但是這位線民卻出賣他，直接把這槍枝交給了檢察官，吳金龍於是被起訴。過了不久，吳金龍突然生病，暴斃往生。《大社會》節目選擇報導他的故事。

我們先到了他臺北的家中，拜訪他的夫人。他的夫人跟我們說，吳金龍幾乎每天都在工作，為了當警察，他很少在家，總是身先士卒，奮不顧身。這麼樣的好警察，突然間一個「反間」的事件，竟然奪走他的生命。他夫人說，起訴後不到兩週，吳金龍就被診斷出胃癌，然後不到三週，他就往生了。他的夫人說，往生前幾天，吳金龍回到故鄉的家中，看到母親，不發一語，只是一直哭、一直哭，直到他往生。吳金龍，三十多歲的他，留下三個稚子，年輕的妻子，和一位老母，與世長辭。

吳金龍是否竟是悲傷而死？

在喪禮的那一天，我們到了嘉義，參加了他的喪禮，然後拜訪他的母親。

他的母親扛著瘦弱的身軀，小小的臉上已都浮現了骨頭，看起來像是一位長期生活在艱苦日子中的婦人。她的神情非常憔悴，不知道是一向如此，或是因為吳金龍往生的傷痛所致。她平常在菜市場做著零星的工作，生活的確是辛苦的。簡單的家中，幾乎沒有家具，兩張椅子，我坐一張，母親坐另一張。

一開口，他母親就跟我說：「我不讓他去當警察，他就一定要去。」母親哭泣著，接著第二句話就說——吳金龍的爸爸，在吳金龍十二歲的時候就與「外緣」離開了家庭。有一次，他爸爸還帶了人回來打她，當時吳金龍就在旁邊，看著父親帶外人打自己母親，吳金龍一語不發地在牆邊哭泣。

我的心突然揪起來了……。

母親繼續說，十八歲以後，吳金龍背著母親報考警察學校，畢業後分發到一般執勤警員，本來生活很穩定，但是他很快地又申請當刑警，獲准通過後，他總是到最危險第一線執勤，奮不顧身地打擊犯罪……。

聽到這裡，我的眼淚也忍不住流下來了，我想，我明白了……。

我當下真的抑制不住眼淚，邊哭邊問，我的助理、也是我的學生陳姝君在一旁無奈地看著我，我仍然無法抑制眼淚。這是在我的專業新聞採訪中未曾發生過的。

我為何這麼傷感，一直流淚？

因為那一刻我知道了，為何吳金龍要當警察？為何不只當警察，還要申請當刑警？為何他一直往最危險、最罪惡的地方去執勤、去打擊犯罪？以及，為何一個起訴事件竟奪走他的生命？

當年，吳金龍看著爸爸帶著外人打自己的母親，他沒有能力制止，他保護不了母親，他也不能打父親，甚至不能恨父親。於是，這兩種強大的矛盾驅力，帶領他成為驍勇正義的刑警。他把童年時期未能保護母親的傷痕，轉而保護更多的善良百姓；他把當年無法打擊父親，甚至無法恨父親的心情，轉而打擊罪惡，打擊犯罪。他奮不顧身地執勤驅力，正是來自童年的傷痕與印記。

曾經，在他的影響下，吳金龍的表弟、堂弟一共五、六位都當了警察，吳金龍儼然是警察的模範與靈魂，只有一個對自我的工作充滿榮耀，且心智飽滿的人，才能如此地影響他人加入他的行列。

而當一件弊案，為破獲犯罪的越界行為，被起訴了，他努力建構的正義英勇形象，突然被撕毀了、破滅了。他的心似乎又回到曾躲在牆邊哭泣的童年，看著母親，無助、悲傷、憤怒、矛盾……他的內在生命突然間破滅了，他的有形生命也自然選擇走向終止。

我們盼望成長，我們努力奮鬥，我們締造成就，但是我們的心始終離不開童年的印記。我們從未離開我們的心，那曾經受傷、曾經悲痛、曾經失落、曾經歡愉，那顆心始終緊緊跟著我們。我們的成就動機無形地被它驅動，我們無止盡地追逐著，是因為它始終駐足在我們心中，像是一個永不滿足的黑洞，無法被照亮，甚而不斷吞噬我們投入的火炬。

我有一位好友，他因為在童年時期看到父母親激烈的衝突而分離，從此他的一生總不斷地避開人與人的衝突。他在一方面顯得勇敢、慈悲，總是奮不顧身地投入最危險的慈善救援；但是一碰到人事衝突，他就憤怒、就譴責、就避開，而不是去協調、去解決、去圓滿。他很勇敢，總是面對艱困的救濟環境之各種挑戰，人為的困難、地理的困難，一點都難不倒他。但是他沒有勇氣面對人事衝突的挑戰，不是他不具備勇氣，而是他深陷童年的印記。

奧森・威爾斯（George Orson Welles）執導的電影《大國民》（*Citizen Kane*），被列為有史以來最偉大的電影之一，該影片被認為影射當時美國媒體大亨威廉・赫茲（William Randolph Hearst）的故事，赫茲在北加州的一處巨宅，如今是著名收藏古董的赫茲古堡。《大國民》一片以虛構故事的手法，描述主角查理斯・肯恩（Charles Kane），一位媒體巨擘，功業彪炳，集富貴與權力於一身，競選過紐約市長，後來因為一場醜聞黯然下臺。

片中的肯恩在過世前，留下一句話「玫瑰蕾」（Rosebud）令人費解。片中描述記者就從這線索「玫瑰蕾」探詢大國民肯恩的一生。影片末了，以肯恩去世之後，一個工人在他的倉庫中找到一個雪橇，雪橇上面寫著「玫瑰蕾」。記者最終才明白，原來是主角肯恩的童年，在一次正要拿雪橇滑雪之際，被準備與母親離婚的父親帶走，肯恩被迫離開他心愛的母親，這事件成為他一生的傷痕。肯恩一生無限地追逐絢爛與榮耀，正是逃避童年記憶傷痕所驅使。他被父親帶走，他不能責怪父親，但又深深地愛著母親，這樣的矛盾使他無法面對這項悲劇。童年的傷痕深深植入肯恩的內心，他的一生不斷地往外追尋榮耀，經歷巨大的起伏，是因為他未能轉向看到自我內心存在的陰影。

吳金龍與《大國民》的故事固然不能等同看待，不過兩者似乎都深受童年印記的影響。

不知為何，這麼多年過去了，我還是沒有忘記當時訪問吳金龍母親時的那分激動。每次和他人講起，我還是覺得激動與傷感。我想要不是我今日拿筆提起，社會應該不記得有這位警察。我想，我從吳金龍的身上所看的，是人性共同的悲，與人性共同的喜。

人性的脆弱是可以被轉化，童年的傷痕可以轉化為更大的志向與奮鬥。但是，當我們的心仍然被童年的傷痕所綑綁，它將吞噬我們一切的榮耀與努力。榮耀如火炬，照亮不了童年留下的幽暗記憶。追求成就，也無法超越內心的牢獄。愛與信念，或許才能打開我們童年受傷的內心所建構的牢獄。

如果吳金龍能建立生命真正的信念，而不被童年心靈傷痛的印記綑綁；他能將童年悲傷的驅力轉化，不只是追求榮耀，不只是打擊罪惡，不只是「伸張正義」，而是更堅守「程序正義」，他的生命或許活得更為不同？我覺得他是一位好警察，但或許他尚未超越童年印記？或許他還未建構更深刻的生命價值或更高的正義信念？而使他陷入法律的爭議？

有時我反思，這位年輕的、其實大家都陌生的警察故事，為何讓我記憶得這麼深？或許，我自己童年的際遇，也仍深深地影響我？是否我的心中仍有個黑洞印記？它是否會吞蝕我投入的光明？這是我的反思，是自我的提醒。

轉化、昇華、超越，是真正內在自信的來源。「自信」與「愛」，不是怨懟與信賴的反面，而是缺乏諒解與慈悲的反面；也是缺乏「信念」與「價值」的反面。

我們如能將自己的生命建立在諒解與慈悲之上，建立在信念與價值之上，我們才能真正超越童年傷痕的驅使，這是佛洛伊德所講的「潛意識」，是佛教講的「無明」——是今生的無明。

「無明」是能超越的，我們能建立信念，實踐價值，對群體懷抱無私的大愛，我們就能擺脫童年的印記，擺脫被自我、私我綑綁的心。

心本是無限廣大，我們不必困在童年的印記裡。只有打開心靈的地窖，黑洞就能被打開。光中沒有黑暗，不能拿著火炬探照黑洞，而是打開黑洞，讓它暴露在全然的光中；當自我真正融入了大我的愛，黑洞就會被撬開，讓永恆的光照著它、治癒它、溫暖它。這是回顧吳金龍的故事所能給我們的最大啟示。

最後，我仍然希望以此文，向這位傑出的警察致敬。

【後記回顧】

很多次在跟學生以及慈濟真善美志工上課的時候，談起吳金龍的故事都會讓我哽咽，我不知道一個素昧平生的警察給我帶來如此的感動。特別是他的母親，一個平凡不過的婦女，一個婚姻失意的女人，一個深愛著孩子的母親，一個白髮人送黑髮人，經由她潛意識的表述，對於一個孩子之所以一生奮鬥，做了完整的詮釋。這不是一個警察的故事，是無數生命的故事。我們的童年，經常如此深深地烙印我們的人格，支配我們行事的軌跡。我們不見得能夠自知、能夠跳脫、能夠逃離，更遑論超越，除非憑藉更大的信仰與自覺。

我們都是被我們的歷史支配著。如同泰戈爾所說：「人看不見自己的歷史，他只是掙扎著通過他的歷史。」我們或許幸運地反思，或藉由信仰，重新找到生命的出路與天地，但對於那無數的、不自覺的、掙扎著的、存在社會各階層的，有相同境遇的人們，我們能如何呢？

謹以此文表達對吳金龍的尊敬與肯定，感恩他以及許許多多的警察同仁們為社會所做的奉獻；也表達對他母親的敬愛與感念。

13 洞穴裡的光

黎巴嫩偉大的詩人紀伯倫（Khalil Jibran）曾說：「那竹子雕刻得越深，吹奏笛子的聲音越響亮。命運在你心裡傷得有多深，你愛的力量就有多大。」這首寓意深遠的詩句能給予傷痛的人一股激勵的力量。但是當人碰到困境，當人真正面臨傷痛，卻少有人能真正以這種心靈力量提振自己。

在慈濟，我的確見過好幾位具備這種心靈力量的人。那應該是二〇〇九年左右，在警政署資訊室的一角擺著一幅畫，畫中有一位女孩跪在地上，在一個幽暗的洞穴裡，雙手盛著一捧火，像是虔誠默禱，像是偶然來到黑暗之境，亟欲照見探究洞穴的祕密。她的神情是平靜的，但四周的氛圍卻是神祕難測的，一如黑暗洞穴與火光的對比，讓這幅畫充滿著奇異的對立的和諧。這幅畫的創作者是楊勝安，正是前警政署資訊室主任楊麒麟的公子。楊麒麟一得空總是會看著這幅畫，思念他的兒子。

楊勝安是一位非常傑出獨特的孩子，無論是他的課業能力，與父母相處的態度，或就其繪畫才華而言，勝安總是有他的想法。那一年勝安在感情上受到挫折，他陷入很深的憂鬱。勝安的媽媽盛連金師姊（慈濟志工）和爸爸楊麒麟（慈濟志工）始終陪伴著，但是又尊重著，不去過度地干預他的思緒。在這樣的父母之愛中，勝安一直有全然的空間發展自己。勝安透過繪畫終於逐漸走出內心的憂鬱，他的畫透露著他對生命的哀傷、困惑及盼望。

心理學家羅洛梅（Rollo May）曾說：「藝術家和精神疾病患者只有一線之隔，他們對於生命本質的不安都有強烈的感受，只是前者透過藝術超越，後者選擇崩潰一途。」勝安在創作和全然的父母之愛中，尋回他生命的道路。揮別憂傷，重新拾回自己的能量，勝安前往澳洲留學，在那一個寬闊明亮充滿著原始自然之美的國度，他逐漸展現他生命的風華和樂觀自在的生命力。

然而，就在這個時候，一次大海中的潛游，勝安的身體漂流到他一直心儀的臥龍岡海岸。他走了，選擇在他最喜樂之地。母親及父親的悲慟難以言喻。剛從憂傷走出來的勝安，終究歸回虛空。

人的痛莫過於親人的離去，特別是在不預期的時候，在年輕生命正璀璨的時刻，驟然撒手人寰，留下的多是不捨與抱憾。連金師姊雖然歷經喪子之痛，但是她沒有被哀傷擊退，她選擇用筆延續她對勝安的愛，用文字填滿他們對孩子的思念和哀傷。這種愛的方式是既溫暖、深切、又具智慧。連金師姊記著她的師父證嚴上人常說：「要用母親的心去愛別人的孩子，要用菩薩的心愛自己的孩子。」

連金師姊與麒麟師兄甚至把對勝安的愛轉化為更寬廣的菩薩長情和大愛。她將她的經驗分享給其他人，並帶領其他有相同經驗的母親，走出內心的哀傷。她將這些母親們走出哀傷的過程也寫成一本書《永遠的寶貝》，去鼓勵所有經歷喪子之痛的母親。哀傷的終點是愛他人，不管是無常的生命所給予你的，或其他人加諸予你的，只要你能繼續不放棄去愛他人，你就不會停留在傷痕裡。

我們可能失去愛的人，但是我們永遠不會失去愛人的能力。連金師姊與麒麟師兄把悲傷化為愛，去陪伴更多需要幫助的人。他們夫妻倆都是慈警會（慈濟警察消防暨眷屬聯誼會）的成員，在慈警會的合唱團裡，有一位成員，也是一位哀傷的母親——何媽媽，她的長子車禍往生。

何媽媽的大兒子非常孝順，自己開了一間修車廠，弟弟和他一起經營修車的工作。母親以這兒子為榮。大兒子總是和母親無話不談：今天誰來修車？今天的客人發生什麼事？他都會跟母親分享，母親是他的知己。在現代的社會中，這種孝順令人感佩。

這位孝順的兒子，他的車廠就在中國電視公司旁邊，當時大愛電視臺租用中視的大樓，我有時候開車去給他保養，總會聊上幾句，他的母親也常常出來打招呼。他們跟我是本家，都姓何。

意外發生在一天的晚上，已經深夜三點多，大兒子開著車送朋友回家，在回程的高速公路上，一輛拖板車疾駛而過，突然間在超過大兒子的車之後，又緊急煞車，他的汽車車頭整個卡在拖板車後方，被拖行數百公尺，汽車車頭著火，大兒子就如此葬身火海之中。

這個不幸，沒有人會相信，母親頓失所依，她最疼愛的兒子，她的知己，如今一夕間灰飛煙滅般地消失在人間。母親的痛是無法回復的，慈警會的師兄姊們帶著她參與各種活動，嘗試舒緩她的哀傷。

就在日子遠去，哀痛逐漸消逝之際，何媽媽的二兒子，在一次誤會的毆鬥中，竟然被打死了。這事件，一如晴天霹靂般再次打擊原本脆弱的母親。生命的考驗究竟如此嚴酷，到底是為何因素，命運加諸在一個人身上的悲傷必須如此的巨大？而這剛起步的愛心火苗，卻突遇次子意外往生，幾乎被哀傷滅盡。以淚洗面、無語問蒼天的心境，只有遭逢同樣痛楚的連金師姊與麒麟師兄能體會、安慰。

痛，來自於愛，當我們轉頭看著它，我們會發現我們所痛著的正是我們所愛著的。我們愛的能力有多深，痛的程度就有多大，反之亦然。當我們痛，我們應思考愛，當我們感到痛，那是因為有愛。愛沒有了對象，但愛是一直存在的，所以我們一直痛；直到我們找到新的愛的對象，否則永遠無法止住痛。

連金師姊與麒麟師兄不斷去關懷何媽媽，引領她加入合唱團，參加各種慈警會的關懷活動，讓她轉移喪子之痛，學習關愛世界，陽光才能從微開的窗縫照亮幽微暗室的一角。

何媽媽的女兒何美瑤博士，也跟著母親加入慈濟，成為慈濟人。何美瑤看到兩位弟弟離去之後母親的悲痛，她試著膚慰母親的痛，於是她把愛擴大，將這分空虛的痛之缺口，找到新的灌注它的清泉。何美瑤用她的筆，如同失去勝安的連金師姊一樣，寫出許多弟弟及其他青年學子的故事，用這些故事鼓勵她的母親，也超越自己對親人逝去的痛。她的筆正是生命的舟帆，她的心是無染著的愛之江河，當日子到來，她的旅客曾經上了岸，但是她的江河不停歇，繼續承載著無數的生命旅客，勇敢地航向生命的遠方。

一個母親思念兒子那種痛沒有人能體會。做子女的何美瑤體恤父母的痛，用盡一切的方法讓父母超越這種痛，這種的孝心很讓人感動。當我們痛，是因為愛失去了對象，於是智者尋求新的愛的對象。但是這種超越的愛，它的對象是不染著的，是不求取回報的，所以它不會造成依賴。因為依賴是苦，因為依賴後又失去是痛。何美瑤博士的智慧引領她去擁抱更多的青年學子，讓他們學會並體悟「生命的價值不在於長短」，一如證嚴上人所言「而在於它的寬度」，在於它愛的寬度。

覺悟的愛是透澈無染著的，她不會因為失去對象而消失，當對象消失，她仍會繼續愛，繼續以著愛她親人的心去愛更多人。楊麒麟、盛連金、何美瑤所示現給我們的，正是這一種大智慧及大愛的典範。

三位青年因為各種不同理由不幸早逝，不管他們過世的理由我們多麼難以接受，但他們的母親與家人，都在他們的過世之後，選擇去幫助更多的人。從連金開始，到美瑤，愛仍在延續。

正像江水乘載著舟，流過高山峻嶺，穿越蜿蜒森林，那美好的風光已經走過，到了村頭，客人上了岸，奔向他方。但是江水不會歇止，它繼續地承載著舟帆，引渡殷切的生命旅客，奔向各自既定的彼岸。

我們在敬佩這兩位母親及其家人之餘，能不為連金的公子楊勝安感到驕傲及欣慰嗎？因為父母持續對他人的愛，勝安仍然還活在世間，繼續延續他生命的價值。他的父母因為對他深切熾熱的愛而去愛更多人，去幫助更多人找到正確的愛之態度，讓更多母親面臨頓挫卻仍掘湧出愛的信心及能量，這難道不是勝安此生的使命？這難道不正是他永世不竭的福報嗎？

生命，從來就不可預期，這幾乎是真理。不管我們規劃什麼？追求什麼？夢想什麼？努力要得到什麼？終點不是我們能設想、能預期，這是生命的常態。證嚴上人常常告誡慈濟人要培養「無常觀」，世間的一切都不是永恆的，只有我們心的能量是永恆不變的。

是啊！信仰從來就不是意味著一帆風順，信仰是讓我們找到面對無常與逆境的態度與思想。很多人總認為有信仰就會有福報，把信仰當做買保險，如此一切就能順心如意。但是「無常」是我們無法理解與預測的，對於無常的隨順與超越，才是信仰的核心。我們無法選定人生的各種際遇和境地，但是信仰可以讓我們選擇用對的心態去面對它、超越它。而當我們找到了對的生命態度，人生的際遇也會跟著轉變，我們變得可以掌握它，而不是被它所掌握。

幾年前，我也見證著無常的造訪。我帶著十分傷感的心情參加一位年輕慈濟師姊的追思會，這位師姊曾經在二〇〇二年協助我前往英國採訪英國骨髓移植中心，當時我看到了她的聰明伶俐，溫暖謙恭，進退得體。她的父母親都是我的好友、好法親。記得在追思會之前的一年多，我才剛剛參加完她的婚禮，沒想到婚後沒多久，她就罹患癌症。幾經治療，最後仍離開最摯愛的親人。

從許多角度看，她都是一個很完美的女性。長相莊嚴美麗，接受一流的英國式教育，為人正直開朗，樂於助人，處事果敢。這樣的傑出女性正準備在家庭、事業做一番嶄新的開拓，正準備在慈濟道場上盡一己之力。但就在一切就緒之際，無常突然造訪，任誰都無法挽回造化無情的擺弄。

然而她的父母卻無比地堅強，以著驚人的意志力度過生命中最大的考驗與激盪。他們發願要把對女兒的愛，擴大到更多的人身上。在追思會上看到一幕幕師姊從幼年到亭亭玉立的照片與場景，童年彷彿昨日，倩影今日在何方？不用說父母，到場的每一個人，都感受到這種生命虛幻，若有實無的人生實相。

但是無論如何，這位師姊是幸福的，她的英文名字就叫做天使。她如天使般地來，如天使般地走，沒有造業，她必定會在世界的另一頭展現更奪目的光彩。師兄師姊們在追思會上無不低頭默禱著。

存在是一種恩賜，生命是一種奇妙的聚合。沒有人知道我們為什麼來到這世界？又為何突然必須離開？一切都沒有定數，只有無常是必然。當無常造訪，親人突然地離去，讓我們受傷；或人與人的背離讓我們心生退卻，想躲到自我的保護傘裡面，不再相信人與人的愛，或不敢再去愛；但這些都是徒然的，其實，愛在我們心中，並沒有人能將之奪走。

這位美麗善良的天使，她的父母親仍然在慈濟當志工，仍然為社會、為苦難人繼續付出。她的父母親一直是慈濟企業家的典範。經歷過親人生死問題的人，對於這樣的故事會貼切、有感。人生真的不是我們能全然把握，就是因為如此，我們不能須臾空過。在來去的過程中，只有愛是真實的經歷。

為何我們思念親人？因為愛。為何我們困惑失去？因為眷戀著這有情的人間。生命一切的有形、有情，都幻化煙雲，隨風消散。只有無常是真，有愛是真。

證嚴上人鼓勵受創傷的弟子說：「跌倒了，也要懂得抓一把沙。」這是一種生命的智慧，一種對自我堅定的信心。人怎能不跌倒？怎能沒有逆境呢？重要的是，下一次就更知道要怎麼走！因此挫折是智慧的開始。

當逆境來臨，當無常造訪，我們與其花時間哀傷，祈求得到他人的支持、愛護以作為療傷。不如以此作為借鏡，正向面對無常，積極地幫助他人，把愛帶給更多的人。在幫助他人當中，我們能超越自我的哀傷。

【後記回顧】

想起楊麒麟師兄及連金師姊，總讓我敬佩、不捨與感動。靠著信仰，他們走過生命的幽谷，走出兒子過世的哀傷，去陪伴更多失去孩子母親，堅強地走出來。這是慈濟給他們的信仰與力量，何嘗不是他們天性的善良與堅毅引領他們看到洞穴外的光，走出受痛苦禁錮的暗室，看見陽光。他們把這力量帶給何媽媽，帶給何家大姊——通過書寫，通過關懷他人，找到自我內心永不枯竭的愛的能量。他們幫助許許多多的人，從悲傷的缺口中，看到無缺的自心，面對新的關愛對象，他們超越洞穴，重新見到生之光。

親人的離去，此痛何能言喻？何能療癒？遺忘與痊癒是不可能的，但是悲傷越大，我們的愛可以越大，直到我們生命的盡頭到來，我們就明白，一切只是一顆心，休息吧，不息的靈魂仍在無窮的時空中奮鬥著，互相親愛著。我最真摯的祝福是要給那些在失去親人的悲傷中，用愛走出自我希望與光明的人們！

14 伊瑩的恩典

第一次見到Grace（陳伊瑩），是她的母親李憶慧師姊拿著照片，驕傲地說著她的女兒。當時伊瑩還在臺北美國學校讀中學，從照片中看得出來，她是一個很純淨、優雅的女孩；再次見到Grace，她已經是就讀UC San Diego亭亭玉立的大學生了。

在我心目中，Grace始終是一個家教很好、單純、沉靜又優雅的女孩，而在她單純的背後，其實非常有主見。她看來沉靜的外表，其實做起事來雷霆萬鈞，跟她母親一樣。她的靜謐、沉穩，承繼自父親陳寬博師兄（一位敦厚、成功的大企業家、慈濟志工），她做事的熱情和積極則很像母親憶慧師姊。靜、動這兩種組合，常讓與她共事的人又敬又歡喜。

不過，大部分接觸過伊瑩的人，都只記得她溫和沉靜的外表，不太知道她內在性格的熱切。伊瑩的溫和，讓她從來沒有跟任何人有過衝突，這就是為什麼她第一段婚姻的離異，讓周遭的朋友非常驚異。前夫我也見過數次，我感受到他其實是一個具備強烈企圖心，希望在商場上縱橫捭闔，也是因為這種性格，碰上早已經擁有物質世界的一切的 Grace；一個心思單純、充滿了愛，不爭，但又有主見的女孩，或許因為彼此的大不相同而互相吸引，但這樣的南轅北轍也成為感情延續的一大考驗。一個憧憬成功，想獲取成功；一個不想追求，只想不斷地為他人付出、給予。是否這兩種都十分可貴的生命特質，就因此而漸行漸遠？

早已擁有物質世界一切的 Grace，只想不斷地為他人付出、給予。不爭，始終是伊瑩的生命樣態，她在加州羅耀拉大學取得法學博士（JD）學位，也即刻考上律師。但她不想從事律師，因為那個職業就是「爭」，就是從私我出發的利益之辯。她選擇在慈濟美國分會做義務法律諮詢，也在全球最大的顧問公司之一 Ernest & Young，以律師身分為大公司制定員工福利法。Grace 生在世代富貴、溫和謙沖的家庭教養中，不爭、給予愛、付出、無私，一直是她的生命基調。伊瑩想的始終是如何為他人付出，為眾生付出，不是為自我之利在爭、在取。是單純的愛讓她組成第一次婚姻，也是純淨的愛讓她離開第一次婚姻。

雖然這段姻緣無法繼續，第一段婚姻的結束對於所有的親友都十分驚訝，甚至不想談，看來好像是伊瑩生命的一道陰影，但其實單純的愛從來沒有錯，知道給，知道愛，終究無法跟希望取，希望得的生命同在。

從我看Grace完美的生命當中，婚姻這一段試煉，是愛或是取？伊瑩勇敢地選擇持續保有單純的愛與無私的給。溫和的月光不能抓在手上，只能迎向它，感受它的美好。月光不停留在一隻手上，這並不是缺憾，而是月光本應保持它原本的風貌。

後來伊瑩遇見了歐友涵師兄，他也是一個沉靜敦厚、穩重但也很有主見的人。一個瑞典的物理學家，出身醫師家庭，也擁有物質世界的美好，他在追尋天際之美，終於尋得最柔和的月光。友涵的性格跟伊瑩非常像，單純、充滿愛，很想為眾生付出。他們過了一段令人稱羨的幸福甜蜜生活，這就是伊瑩的歸宿。不是歸宿在誰的身邊，而是歸宿在「單純和給予愛」的懷裡。

在他們沉浸在彼此寬厚熱切的生命當中，他們循著自己生命的節奏，譜著旁人偶爾才得以窺聽的歌曲(包括他們的父母親)。這個「單純」和「付出愛給他人」的生命主軸，不是任何人能夠改變和帶走的。

伊瑩生病之後，父母親用盡一切的力量要挽救她。伊瑩也冷靜地配合，配合醫療，配合父母的期待，當一切的醫療技術用盡，讓一切的期待都窮盡了以後，她一如以往靜謐地離開了人間，奔向另外一個屬於她的世界。

伊瑩的離開，在熟悉她的世界裡，甚至在慈濟的世界裡，掀起一道非常深刻的漣漪，好像是一道深海震動波浪，很隱晦，不明顯，但影響深遠。大家難免捫心自問，為什麼這樣一個完美、純淨、優雅又具智慧的女孩，會這麼快地離開這個世界？為什麼一個這麼善良、聰慧的女孩，她的生命中必須要經歷離異與一次永遠的道別？對於生命，我們從來就不知道它是怎麼開始？我們也不知道它是怎麼結束？

正如同慈濟創辦人證嚴上人所說的：「我們無法把握生命的長度，可是我們可以拓寬生命的深度跟寬度。」

的確，人生自古誰不會經歷死亡啊？我們總認為長壽才是福報，這種思維其實也只是我們的一種偏執。生命真正的意義在於我們究竟體現了什麼？究竟留下了什麼？究竟經歷過什麼？而不是在它重複、單調的生命中，僅僅肯定了它的長度。

中國古代著名的哲學家王弼，注釋《老子》一書，他注釋的《老子》至今仍然影響著道家的發展。王弼的老子注釋將儒家思想注入道家思想之中，促成中國文化儒道融合的基礎。但王弼僅僅只有二十三歲的壽命。

真正的生命價值並不決定在其長或短，而在於其價值，這價值可以是奉獻人類的偉大領袖、思想家或藝術科學等。也有生命本身就體現了正確的價值與信念，不管他的現實事功是大是小，是普遍為社會所周知或只在親友圈裡。體現正確價值，才是生命真正的成就。

對於伊瑩，她三十七年的生命所體現的，始終是「熱切單純」、「給予他人愛」。

人總是喜生、畏死，不知死有重於泰山之意。找到意義，死有如泰山之莊嚴；找不到意義，死如鴻毛般的須臾。

我在小時候看到一則消息說：「一九九九年是世界末日。」我那時候想，一九九九年，我只有四十歲啊，生命就要結束了嗎？年少的我還曾經對此感到恐懼，結果一九九九年到了，已經四十歲的我覺得這是一種無稽之談，也沒有認為生命會結束。從來沒有認為我過的每一天都可能是最後一天，我覺得日子會如常地這樣過下去；一直到我五十歲，我開始懼怕生命的死亡。我搭飛機，常常恐懼著會不會墜機？曾經一段時間，我開著車，總擔心自己會不會撞車就往生了？

我在五十歲前後，的確有過兩次大車禍，但幾乎都是毫髮無傷。當時半百的我面對死亡恐懼，引導我深刻理解生命真正的意涵，以一個佛教徒而言，對輪迴始終半信半疑，其實是有愧的。

在我讀過克里希那穆提（J. Krishnamurti）對於死亡的見解，反覆地思索之後，我對於死亡逐漸開懷，內心不再有恐懼，特別是在五十四歲那一年我完成了博士論文《利他到覺悟：證嚴上人的利他思想與實踐》，其中我寫到印順導師的《菩薩心行紀要》中的一句話：「菩薩常在生死中渡化眾生；菩薩渡化眾生，常在生死中。」剎那間這句話給我莫大的啟發，那是情感的啟發與洞見。我覺得無限地歡喜，突然間認知生命應該在未來的世界當中，不斷地奉獻給這個世間，如同證嚴上人不斷鼓勵慈濟人乘願再來，不斷地利益人群，在利他中渡己。

那一刻，我對死亡放下了！那種覺知不是理性的，是一種情感覺知，覺知生命不會只在這一刻，生命也不會只在那一刻，而是在一個歷史的長河中不斷地流轉，生生世世抱持奉獻眾生的心，就不是被迫輪迴，而是乘願再來人間的無窮願力，這願力讓我心中對於死亡的恐懼從此釋懷，從此放開。

如今，已經近耳順之年的我，預備著，預備著死亡可能會在我生命中的任何一刻到來，我隨時都能接受。我做好這樣的心理準備，只要我活在意義當中，活在價值當中，什麼時候走都是最好的一刻。孔子不是說嗎？「朝聞道夕死可矣。」上人也說：「為法忘軀。」為自我的求法、行法，也為渡化他人得此法，利他渡己，生生世世，來回不已。

莊子所言：「朝菌不知晦朔，蟪蛄不知春秋。」人的生命如朝菌一樣的短暫，面對宇宙的大生命，我們的存在根本微不足道，然而這短暫的存在，卻含容著永恆的價值與意義。

那個價值與意義就是「自我通向大我」的大愛，伊瑩的故事給了我們這個答案。我們看到 Grace，想到的就是單純地付出愛，對更大的愛之熱切與投入。這就是為什麼她的離開讓我們感到不捨，不在於她享受榮華富貴的嬌寵，相反地，是她在如此富裕美好的家庭生活中，更懂得無私地付出，更知道用大愛來看待一切。

所以任何被凡夫心所認知的「不幸」，其實都只是「因」，而不是不幸，而是大愛無法與小愛在一起。當我們用著大愛的心情來看待她，我們會對她三十七年的一生充滿著敬佩、充滿著感恩、充滿著歡喜。當我們用小愛來看待她的時候，我們充滿了不捨、充滿了惋惜、充滿疑惑，這疑惑是我們以小愛或以凡夫心所殘留下來——認為她的生命當中是否有命定的不幸在裡面？

當我們用大愛來看待伊瑩，就知道伊瑩的一生是如此地有趣、豐富多彩。用小愛看伊瑩就覺得為什麼紅顏早逝？為什麼這麼高貴的生命不能夠長久地持續呢？不同的情感，不同的人會用不同的方式來看待伊瑩的離去，但不管是任何一種情感，對她總是懷著深刻的懷念，總是有著揮之不去的影子，這就是伊瑩的影響力之所在，因為她始終保持單純的愛，給予他人愛。這就是為什麼伊瑩三十七年的生命，顯得如此地美麗與光輝，因為伊瑩在她充滿愛的一生中，對父母——寬博師兄與憶慧師姊，弟弟——瑋霖與瑋恩來說，伊瑩她充滿愛的一生、甚至她的存在就是家庭中心。伊瑩在陳家這個小家是核心，只要她在，她就是家裡的中心。

Grace 也是朋友圈中的核心，也是慈濟無數人當中內心的一個核心，因為她代表的就是那分「純淨、無私、利他的大愛」，讓我們用這樣的心情來感念Grace，祝福Grace，相信伊瑩現在正在未來生中，一樣保守內心的「無私、慈悲與大愛」，也會繼續擔起慈濟志業，無私地給予更多的眾生，更多的福報、更多的關懷，無私地利益天下苦難的眾生。

依然愛著、懷念著伊瑩的我們，請放開心中想要抓住月光的那雙手吧！我們自然握不住月光，但她巡愛人間的旅程正在「他方之地」繼續著，依然不懈地照亮那些仍活在幽暗的人們。

【後記回顧】

我本來不應該寫伊瑩的故事，我應該寫的是她的母親憶慧的故事。憶慧是我的好友，是我在慈濟的法親，是我的姊姊。我寫伊瑩的故事也是因為憶慧的緣故——那一天，憶慧打電話給我，說她寫了伊瑩的一本書，能否讓我寫一篇對伊瑩的感受？其實我不是很想寫，因為我和伊瑩的互動不能算多。雖然如此，我對她的生命的確有一種直覺的感受與了解。於是，我就寫了。

從很多角度來看，伊瑩是一個完美的孩子，她其實不需要世間的這一切，因為她早已擁有。被愛、財富、單純、愛人，以及良善、高貴的品格，她都具備。她短短的三十多年的生命，似乎見證著我們的擁有，不必落入世俗期待的框架之中，包括婚姻、愛情、事業等等。一顆純粹的心，可以無缺，甚至可以完美。親人們與朋友們對她永恆無比的愛，不正是基於這一點？我們不從世俗的擁有、世俗的生命長短來看待她，就能夠明瞭，她其實已經做了我們要她做的一切，她純然的心不曾改變，也從不離去。

是啊，一切都只是一顆心！我認為伊瑩一生無缺，也無憾，不捨的是家人與朋友，特別是她的父母。所以最後，我想用羅曼．羅蘭在《約翰．克里斯朵夫》書中的一句話，獻給我的好友憶慧與寬博，當作伊瑩給他們的話語：

我不曾死，我只改變了住處，我在你心中常住，你這見到我而哭泣的人。被愛者化身為愛人的靈魂。

15 西雅圖天空的一抹雲

那一年，我以為我告別了電視新聞生涯；結果，那才是我新聞生涯的峰頂。這峰頂是站在巨人的肩膀上攀登的，或更準確地說，是站在普世大愛的情懷中，我登上了新聞生涯的峰頂，看到了生命最璀璨的雲。

那是二〇〇二年，我受到證嚴上人的感召，離開商業電視臺，全心投入慈濟志業。我第一個接到的使命也還是與電視有關。證嚴上人與王端正副總執行長有一天在花蓮跟我談話，他們希望我到全世界去採訪骨髓移植的故事。上人特別說：「你以一個記者客觀的角度，去看看世界各骨髓庫與慈濟骨髓庫運作的異同。」當時臺灣社會對慈濟骨髓庫有若干意見，於是我啟程前往各國，進行骨髓庫的採訪。我規劃的採訪從臺灣、中國大陸、日本、美國、英國到德國，預計製作一部關於全世界骨髓移植歷史與骨髓庫成立的紀錄片。

採訪前，我閱讀了大量有關骨髓移植的書籍，特別是發明骨髓移植的醫師——愛德華．湯瑪斯博士（Edward Donnall Thomas）的著作。厚厚的一本專業醫療書籍，的確對我有很大的挑戰，我還是認真地研讀。愛德華．湯瑪斯博士因為發明骨髓移植，在一九九〇年得到諾貝爾醫學獎。我打電話給湯瑪斯博士所屬的佛萊德．霍金森癌症醫學中心（Fred Hutchinson Cancer Research Center），接電話的是愛德華．湯瑪斯夫人，我們約好時間，於是我在二〇〇二年七月動身啟程前往美國西雅圖。

我沒有去過西雅圖，但我聽說美國西雅圖的天空，有一抹永遠也抹不去的雲朵！

這一天，我們跨越海洋飛到西雅圖，不是想捕捉這朵雲，而是看到了一群科學家，他們的生命就像雲朵一樣，他們沒有眷戀自己的色彩，而是把自己化作雨水，降下甘霖，滋潤乾涸的大地。

我與製作團隊，執行製作人賴睿伶、攝影師小高等一行三人，飛行了將近十五小時，到達西雅圖已經晚間時分，頭腦已經昏沉。我們下榻在西雅圖的慈濟負責人高明善的家中，很有回家的感覺。卸下行李，與高明善師兄到市區吃了個飯，回到住處蒙頭就睡了。

第二天，我們醒來，看向天空，尋找那一抹傳說中的雲朵。其實那不是雲朵，它是高俊的雷尼爾大山（Mountain Rainier）的山頂終年不退的積雪，從遠處望去，無論夜晚或白天，天空中總好像是佇立著一朵白雲！我自然沒有攀登上雷尼爾大山的峰頂，但是我登上了人類大愛的峰頂。我窺見那一朵生命最高尚、最清淨的無私之愛所綻放的絢爛之雲。

早上九點鐘，我們乘車前往佛萊德．霍金森癌症醫學中心，拜訪全世界最著名的骨髓移植大師愛德華．湯瑪斯博士。車子行經一座特殊的浮橋，這橋浮建在水面上，水漲潮，橋就浮起；水退潮，橋就調整高度。高明善在介紹這座橋之際，手指著河的另一端，有一座豪宅，一大片草原，白色的建築，那是比爾．蓋茲的家。

車行不到一小時，我們到了佛萊德．霍金森癌症醫學中心。該中心才剛剛建好一座以愛德華．湯瑪斯博士為名的專屬大樓，這是數萬位血癌病患在康復之後，為了紀念、報答、並支持湯瑪斯博士持續研究骨髓移植所興建的醫療大樓。罹患血癌的病患，在一九五八年以前幾乎都全部往生；一九五九年，當湯瑪斯博士成功地發明骨髓移植手術後，挽救了數以百萬病患的生命。

湯瑪斯博士是西雅圖此行最重要的採訪對象。一個我心儀已久的醫學大師，他在一九九〇年得到諾貝爾醫學獎，以表彰他對人類醫學的貢獻。雖然來此之前，已經在慈濟醫療圖書館認真閱讀他的書，但對於一個傳播人要完全了解如此專業的醫療知識確實不容易。帶著頗為忐忑的心情，我們一行到了他的辦公室，架好攝影機，準備採訪。

湯瑪斯博士與夫人一起來了，很親切、很慈祥、很木訥，個子很高，很莊嚴，年輕時肯定很帥。你能想像的醫師典範大概就是應該長得像他這樣子，兩鬢與下顎留著白色的鬍子，修剪得很整齊，白色鬍鬚，頭頂上稀疏的白髮，戴著寬大的眼鏡，莊重、沉穩、俊偉、大器。我們與夫人閒聊幾句後，就開始採訪了。

在開始提問的那一刻，我內心突然有一股心情湧現，這在我十多年的新聞生涯中未曾有過的，我感受到這似乎是我新聞生命中的最高峰、最歡喜的一刻。為何？因為這不僅僅是一個國際級的專業採訪，不僅僅是我採訪到這個領域裡面最頂級的世界大師，更是因為我見證了世界醫療共同的大愛。

我們一路談，從早期湯瑪斯博士作為年輕醫師，如何看到病人一個、一個地往生，到一九七〇年法國賓西教授已經發明白血球的配對，這解決了器官移植會造成白血球排斥的問題。湯瑪斯博士於是開始進行孿生狗的骨髓移植，結果成功了，這給了他很大的信心。

一九五六年湯瑪斯博士正式進行孿生姊妹的骨髓移植，移植結果很成功，雖然病患在半年後復發往生，但是從此血癌病人有了一線生機。血癌病患可以在近親之間找到配對，這機率是四分之一。

湯瑪斯博士在一九七二年將骨髓移植的醫學技術往前推了一大步，他試著進行全世界第一例非親屬骨髓移植，結果成功了，從此打開了全世界全面骨髓移植的運用，挽救數百萬血癌病患的生命。骨髓移植必須找到白血球血型相符的配對者，才能進行骨髓移植。全世界每十萬個人當中，才會有一個與你的白血球血型相符，因為十萬分之一的機會，於是全世界的骨髓庫也逐漸應運而生。

最早的骨髓庫是一九七二年在英國成立，繼而美國、德國、日本、義大利相繼成立，臺灣慈濟骨髓庫則是在一九九三年成立，是華人第一個骨髓庫。當時二〇〇二年骨髓移植成功的機率是五成，換言之，有一半的病患即使配對、移植，仍可能於手術後往生，原因包括排斥、復發、感染，這是艱難的一項移植醫療工程。

在訪談湯瑪斯博士最後的提問中，我問博士：「在過去五十年當中，骨髓移植挽救無數血癌病人的生命，但是仍有半數的病人移植後往生了。當您看到病人往生，您會有挫折感嗎？」

湯瑪斯博士很篤定地說：

「Never！我從來沒有感到挫折，那正是我必須繼續奮鬥的理由；你不能放棄，因為問題還沒有解決！」（That's the reason for going on, you don't quit, because there is a problem.）

我看到一個偉大科學家的心靈，竟如此地強大與慈悲。「有問題」，才是我們持續奮鬥的理由。

湯瑪斯博士一心想著是病人的疾病如何解決，他不戀棧名與利。訪談後，我送給湯瑪斯博士一本證嚴上人的《靜思語》英文版，湯瑪斯博士坐下來就開始閱讀，湯瑪斯夫人一直以來擔任老博士的祕書，兩個人鶼鰈情深。夫人藉著空檔跟我說了一個故事，她說有一天晚上，他們都準備就寢了，她就問湯瑪斯博士：「愛德華，為什麼明天記者要採訪你？」愛德華躺在床上回答夫人說：「因為他們告訴我，我得到諾貝爾醫學獎。」「什麼？」夫人坐起身來：「你得到諾貝爾獎！」「是的！」然後愛德華轉身就睡了。

他的奮鬥不是為名、為利，一心為病人，是這位偉大醫學家一生的寫照。「你不能放棄，因為問題還沒有解決。」這是所有為天下眾生努力奮鬥的人，共同的座右銘。

我把這句話放在紀錄片的最後，標示骨髓移植的醫師、病人、家屬、志工的共同心靈與堅定的勉勵。

骨髓移植的紀錄片不只是我的電視專業之旅，更是我的心靈之旅。我因為這部紀錄片榮獲國際艾美獎亞非地區最佳新聞紀錄片（Emmy Award International, Asian Pacific and African Region），這是我一生傳播生涯的最高榮耀之一。但是我的心靈收穫比這有形的獎項更為豐富、更為深刻。我踏遍了全球，見證全世界共同的愛心，醫師為病人持續研發，家屬為病患奔走，甚至家人往生了，他們集合其他病患家屬共同成立骨髓庫。在英國、在美國、在日本、在德國的骨髓庫，都是病患家屬與骨髓移植醫師所共同建立，特別是骨髓庫無私的志工與捐髓者的大愛都令人動容。

我們從西雅圖飛往美國骨髓庫所在地明尼蘇達州的雙城市——明尼亞波利斯市與聖保羅市（City of Minneapolis and St. Paul）。七月的明尼蘇達州風光明媚，在這有萬湖之州美譽的土地上，我們拜訪了美國骨髓庫（NMDP），這是全世界最大的骨髓庫，執行長Robert於訪談中，還特別感恩慈濟骨髓庫與他們長期的捐髓、勸髓之合作。其實，我們所到之處，慈濟骨髓庫的運作受到世界各國骨髓庫的高度肯定與羨慕，特別是無數慈濟志工投入勸髓的精神，讓世界各骨髓庫的同仁都感到不可思議，因為各骨髓庫多是仰賴職工進行勸髓、捐髓的溝通與聯繫。

在明尼蘇達州我們拜訪了一位受髓者——巴伯．羅蘭茲（Bob Lorenz），採訪當時他六歲，在他三歲時罹患血癌，幸運地接受移植成功。巴伯是一個非常活潑、可愛又俊俏的白人小孩，臉上總是掛著天真的微笑。他的父母非常有愛心，父親當時在一家科技大廠擔任副總裁。他們收養了一位東方的女孩，一家和樂。巴伯的血癌對全家是一大挑戰，在移植過程中，曾經有一百天，巴伯完全無法進食。我問他們：「這期間誰最堅強？」巴伯的爸媽同聲說：「是巴伯，因為他堅強地熬過來。」

我問媽媽：「妳現在回憶起來感受是什麼？」

巴伯媽媽說：「我最怕看到巴伯光頭的樣子。巴伯康復後，我有好一陣子不願意幫巴伯剪頭髮，因為怕又喚起治療時期那種憂懼的記憶。但是有一天巴伯跟我說：『媽媽，每一個小孩子都是剪短髮。』好吧！於是，我拿起剃刀，把巴伯的頭髮剪了。」

我們在明尼蘇達湖畔拍攝他們休閒的時光，下午三點時分，陽光照在湖面上，整個水面閃爍著點點星星般的光芒，非常美，好似巴伯身上一個個細胞，如點點白色閃耀的星光般重新地復活。絢爛的陽光，湛藍的湖色，碧綠的芳草，四位家人坐在湖畔的座椅上，那是一幅人間永恆的天堂景象。

巴伯的父親後來成為美國骨髓庫的總裁，繼續挽救許許多多與巴伯一樣曾經瀕臨死亡掙扎的生命。

巴伯的捐髓者是一位加州的年輕女孩珍妮。當年二十多歲的珍妮告訴我們，捐髓，徹底改變她的生命。她後來選擇到紐約臍帶血骨髓中心服務，去幫助更多像巴伯一樣的生命。

我們飛到紐約臍帶血中心訪問珍妮。珍妮說到這段故事時，眼淚潸然落下——

有一天她剛剛參加一位朋友的喪禮回到家，心情還沒能回復，結果，她就接到一通電話，是美國骨髓庫的工作人員打來的。對方說，她的骨髓配對到一位血癌病患，問她願不願意捐髓？她當然願意。多麼奇妙的因緣！早上看著朋友過世下午她就要去救人。

珍妮繼續跟我們說，一年後有一天，她上午參加了自己阿姨的喪禮，阿姨罹患胰臟癌往生。當天晚上，她接到一通電話，是巴伯打過來的電話，巴伯在那一頭跟珍妮說：「謝謝妳，救回我的生命。」多不可思議的因緣啊！

珍妮無法控制她的淚水。這麼奇妙的生與死的際遇！憂傷的心，在幫助人當中轉化、療癒，這正是我在骨髓移植的採訪中得到最大的啟示。

幾個月下來，馬不停蹄，見證了滿滿的人間大愛。我到了德國烏爾姆（ＵＬＭ），拜訪德國骨髓庫。我與攝影沈先生兩人住在一位大愛之友賴先生家裡，一處幽靜、美麗、寬闊、舒敞的鄉間別墅住宅。賴先生夫婦非常親切，我與攝影師沈先生也是一大清早拍日出，晚上採訪到很晚才回到住處。在緊湊匆忙走訪世界的採訪中，拍攝團隊始終是晨起拍日出，傍晚拍日落。我們拍到明尼蘇達州萬湖上日出的景象，捕捉夕陽照著湖面，呈現如血液般流淌的潮水。我們從哈德遜河對岸，拍攝紐約大都會日暮的景象，那千萬燈火一一點亮，如同骨髓移植的萬千細胞一一再生。

在烏爾姆的一天晚上，我們拍到很晚才回到住處。我沐浴完，已經近十一點鐘。我拿起筆記準備寫明天的行程，突然間，我的內心升起一種無邊、無際的寧靜與喜悅。似乎世界的邊緣不見了，我融入了一種超越此空間的無邊靜謐與無與倫比的喜悅。

等一陣子回神後，我突然憶起我讀過慧能大師的一句話，「世人應『動中靜』」。不是嗎？我已幾個月馬不停蹄地拜訪世界骨髓庫及骨髓移植醫院，看到無數的醫師、家屬、捐髓者、志工無私的大愛。這大愛的沉浸，帶給我無比的寧靜與喜悅。

一趟骨髓移植採訪行，感恩讓我經歷了極深的靜定與喜悅；而這分禪悅，是通過見證人類的大愛所獲致。

《清水之愛》紀錄片是我一生傳播生涯中最特殊的經歷，一方面在專業上有極大的挑戰，一方面是心靈上有深刻的洗禮。在製作的挑戰上，因為醫療議題很艱深，必須以比喻讓大家了解，必須以故事切入議題，以個案呈現生命力；在畫面上，具象與意象畫面交互呈現，讓紀錄片中的感情能充分被表達。最後如何讓這個紀錄片不是只呈現悲苦，而是將希望、將世界的大愛帶給每一位觀眾。回想起當時採訪的各種仍在實驗中的骨髓移植療法，包括半配對移植、臍帶血幹細胞移植、免疫細胞療法等，如今都一一地實現。骨髓之愛仍在延續。

而在心靈上，我在記錄、見證此醫療科學與醫療大愛之際，也經歷自我生命的沉澱與洗鍊——在「無私的愛中得靜定」。

我認為，我們每一個人在一生當中都應該經歷至少一次無私大愛的旅程，這對於自己的生命定會有深刻的啟示與極大的助益。聖人每天都生活在這大愛中，賢德之人從事著大愛的工作，但即便是我們凡夫俗子，一生中也應該經歷一場大愛之旅，攀越這座生命的高峰。

無私的大愛就像是一座高聳入雲的峰頂，我們不一定能一直住在這峰頂之上，但是只要曾經攀越過這峰頂，我們會改變自己生命的氣息，沉鍊出自我生命的認知與價值。如同法國小說家羅曼．羅蘭在他的《巨人三傳：米開朗基羅、貝多芬、托爾斯泰》一書裡這麼說著：

是這樣的一座高山矗立在文藝復興時期的義大利，從遠處望去，我們看到他險側的身影消失在無垠的青天之中。偉大的心魂有如崇山峻嶺，風雨吹盪它，雲翳包圍它，但人們在那裡呼吸，比別處更自由、更有力。我不是說每一個人都應該在高山上生存，但一年一度地我們要上去頂禮，在那裡，我們可以變換肺中的呼吸與脈中的血液，在那裡，我們將感到更迫近永恆，以後再回到人生的廣原裡，心中充滿了日常戰鬥的勇氣。

在《清水之愛》的紀錄片裡，我彷彿站上生命大愛的峰頂，看到全世界抱持無私大愛的人們，為著一群與死亡奮鬥的病人，幫助他們獲得重生。

【後記回顧】

在我看來愛德華．湯瑪斯是一位天生的醫學科學家，一位世界人道的典範。他發明了骨髓移植的醫療技術，挽救了數以百萬人的生命。而在如此巨大的榮耀與成就之下，他的寧靜、謙卑、好學，深深地烙印在我的心中。訪問他，是我新聞生涯中最高的榮耀。《清水之愛》紀錄片能得到國際艾美獎入選的肯定，與愛德華．湯瑪斯的心靈貫穿全片有關。

他是為問題活著，為問題奮鬥。我在這趟採訪旅程中，感受到滿滿的世界之愛，無私之愛。從醫學科學家，血癌病患、家屬、捐髓者、勸髓志工的無私愛心，讓我領略了一生難得的「心靈高峰經驗」——那種無邊界的寧靜與喜悅。這是愛的行動給人的力量，他觸及內心真正的本我。這趟採訪旅程，不只是榮耀之旅，而是見證大愛之旅，是心靈洗鍊之旅。它讓我在世界的格局底下，看到世人普遍無比的愛心，讓我對愛充滿信心；它也讓我確信，慈悲利他正是通向生命覺悟的道路。

後記
寫在本書之後——在生命中相遇

這本書所記錄的對象都是我的受訪者。在我十多年的新聞生涯中，我有幸與他們相遇。對我而言，他們不是我工作上的採訪對象，而是在生命中與我相遇的朋友、貴人、善知識。

在他們的故事中，我經歷見證人生的悲苦與歡喜，生命的脆弱與勇氣。這是雕塑一個生命人格，甚至是創造任何有意義的人文作品必要的素質。如同文學家巴爾札克說：「在藝術裡所要堅守勿失的，不只是天生的才氣，而是在才氣之外，充滿生命，並且使生命賦予意義與價值的歡樂與悲苦。否則人們只能複製，而不是創作。」

我一直以新聞記者為榮，雖然在我早年的生命中，沒有預期會當記者，甚至在早期的歲月中，也沒有那麼喜歡當記者，直到我遇到這些朋友，我照見他們的生命，與他們的生命交融，或許就那麼幾天，在歲月的長河中那麼短暫片刻，但是他們給我的記憶與影響仍然非常深遠。我帶著感恩的心，回溯他們的故事，敘說他們的毅力與勇氣，他們在悲傷中沒忘記愛，在困苦中沒有放棄希望，他們都是生命的勇者。

這些故事多半發生在我四十歲以前，是我在製作、主持臺灣電視公司《大社會》節目中走訪的故事。看完他們的故事後，說說我新聞生涯的故事，因為當了記者，我才有因緣認識他們。

我的記者生涯從二十五歲開始，我到臺灣廣播公司擔任主持人及新聞記者。那一年我退伍，去找我當時在臺廣上班的學長張曄，被張曄的同事看中了，希望我加入臺廣。我沒有認真地找工作，有一家廣播公司已經很好了。臺廣總經理馬長生見了我，在相談一段時間以後，他說了我一生都很感恩與難忘的話：「日生，你很優秀，你這種人才在臺廣不會待久，如果為了臺廣我不會用你，如果為了廣播界多一個人才，我會用你。」說完這話，我們的面試就結束了。第二天，我接到電話，被臺廣錄取了。

在臺廣的歲月，我製作一個音樂節目《西方的話》、採訪新聞以及參與《王者之見》的新聞節目。一開始跑新聞是由一位郝大姊帶著我，到內政部、到警政署、到環保署跑新聞。郝大姊是一位大美女，很高、很磊落、很霸氣，當年應該未滿三十歲。她父親是一位海軍中將，先生是一位外交官。她對我很好，對我很提攜，常常一起跑完新聞，就到她的新聞節目《王者之見》當中說今日新聞。

有一次郝大姊跟我說：「像你這樣新聞採訪一結束，就能侃侃而談新聞內容，只有中廣的資深記者能做到。」當時戒嚴時期，中廣獨大，人才濟濟。我在臺廣工作不到半年，我主持的音樂節目就入選提名當年金鐘獎最佳音樂節目主持人。當時臺裡都很驚訝，那一年，臺廣只有我一人入選金鐘獎。

郝大姊在我進入臺廣一年左右離職了，跟著夫婿外派。她跟馬長生總經理商量，讓我接《王者之見》節目。所以之後，我同時主持音樂節目《西風的話》，以及新聞節目《王者之見》。馬長生與郝大姊都是我生命的貴人。

從事廣播一年後，我又認識了一位兄長閻大衛，他是當時中廣《全國聯播》節目製作人及主持人。當年《全國聯播》節目的時段是早上七點鐘，全國的廣播只播這個節目，所以影響力非常大。我們各廣播電臺偶爾會送「主題報導」給中廣《全國聯播》節目。那一年，我二十六歲，到中廣送一則新聞報導給《全國聯播》節目。閻大衛在中廣見了我，相談一陣子以後，他告訴我：「當年我進中央廣播電臺，我的前輩白銀告訴我，大衛，你在廣播界一定會飛黃騰達。」大衛說：「我今天把這句話送給你。」

閻大衛於是希望我加入中廣。但是我到臺廣才一小段時間，不好離開。於是在臺廣總經理的同意下，我在臺廣及中廣《全國聯播》節目任職，當專題記者，跑國會，跑重大新聞。所以我兼了三份工作，製作主持《西風的話》、《王者之見》以及《全國聯播》專題記者。我在臺廣的第二年，《西風的話》再次入選金鐘獎最佳音樂節目與音樂節目主持人；而《王者之見》則榮獲新聞局最佳社會建設獎。那是我當年的福報。

我只是一個鄉下長大的孩子，當時我與妹妹照顧已退休的母親與父親，住在中和的小公寓裡，但是我很感恩新聞與廣播工作讓我有很廣大的見識與歷練。當時我沒有忘記我從就讀國立藝專（現國立臺灣藝術大學）一路以來養成的閱讀習慣持續地閱讀哲學、社會學、歷史、文學、法律、政治等書籍，讓我的新聞工作助力甚多。我組了一個小讀書會，帶幾位學弟，其中成員包括臺大法律系的蘇聰儒、李玉如，輔仁大學社會學系的羅世明，清華大學理工系的高曉龍，他們都還是在學的學生，我們每週一次在一起討論、閱讀各類書籍。

我在廣播界的第三年，我主持的《王者之見》入選金鐘獎最佳新聞節目與最佳新聞節目主持人。獲得提名第二天，馬長生總經理打電話到我家給我說：「日生，恭喜與感謝。沒有你入選，不知道該怎麼辦？」連續三年金鐘獎入選，當時是臺裡唯一得此肯定的同仁，自然在這三年當中，難免偶爾感受到同仁間些許的壓力，但是馬長生總經理始終是支持著我，鼓勵我，要我不用擔心人我，持續努力做。我其實不會處理人我，也不是很會做人，倒是拚命做事。在臺廣、中廣兩份工作，常常做新聞到半夜十二點。但是我喜歡這樣努力地工作。

一九八九年年初，從事廣播的第二年，我離開了臺廣，全心加入中廣，主持早上十點的訪談節目《熱門話題》，以及持續《全國聯播》節目的專題報導。我是中廣第一位邀請黨外政治人物到直播現場節目的主持人。當時朱高正在立法院以激昂的演講，以肢體的衝突，掀起老立委退休的風潮。當時，臺灣的熱錢也過多，地下投資公司盛行，引起社會大眾及政府高度的關切。我以此為題，因為不具政治性，邀請朱高正立委、政治大學殷乃平教授以及理律法律事務所劉紹樑律師到《熱門話題》現場。中廣總經理唐盼盼親自到中廣門口迎接朱高正立委。我記得當天在《熱門話題》的播出當中，一群同事們在廣播間透明玻璃外面觀看著，可見當時朱高正的魅力。

幾個月後，一天清晨，閻大衛告訴我，他希望退下《全國聯播》主持人及製作人，讓我接棒。我說我沒有能力，但他堅持，他說他跟總經理唐盼盼說了，唐總經理也很同意。我感念當時閻大衛刻意的提攜，就這樣，我接下《全國聯播》節目主持人及製作人。

我記得就在準備接手《全國聯播》節目之前，我父親突然生病過世了，所以我花了許多時間為父親治喪，但《熱門話題》節目沒中斷，繼續主持。這期間，閻大衛很關心我的情況，我們是在同一個小辦公室，有一天，他給我一項禮物，我打開一看是一本《聖經》。大衛是虔誠的基督徒。閻大衛跟我說，你現在什麼都具備了，就是還沒有信仰。你好好看一看《聖經》。

我打開第一頁，大衛寫了一句話給我，對我深具啟發。他引述《聖經・箴言》的一句話：「你當專心信仰耶和華，不要倚靠自己的聰明，在你所行的一切事上都要認定祂，祂必指引你。」

這句話讓我很感動，很震撼。雖然我後來皈依證嚴上人，成為佛教徒，但是我一直記得這句話。不要倚靠自己的聰明，要信靠更大的善能量。從我的信仰思維，要信靠善力量、順服善因緣。

我一直很感恩閻大衛，雖然離開中廣，我們聯繫不算多。一九九二年左右，我在美國加州念書，他在奧克拉荷馬州（Oklahoma State）念書，我們時有聯繫。他與馬長生總經理都是虔誠的基督徒，他們都是我生命的恩人；大衛更是我早年從事傳播重要的恩師。

我之後有幸被延聘擔任中國電視公司晨間新聞主持人，當時是我國立藝專的老師朱全斌邀請我去。朱老師與夫人韓良露當時經常聽我的《熱門話題》節目，於是找上我。《今晨》節目由我與石安妮共同主持。在中視期間，我多半時間都是在攝影棚裡播報，做各種訪談，很少在外跑新聞。當時台視晨間新聞主持人是葉樹姍，華視晨間新聞主持人是靳秀麗，我們三人現在都在慈濟，因緣不可思議。

在中視一年後，我決定出國念書。我與我的夫人曾慶方一起到南加州念書。慶方是我中視晨間新聞的同事，當時主持氣象與生活新聞。在美國就讀新聞傳播期間，讓我最感動的新聞典範就是愛德華・默若（Edward Murrow）。愛德華・默若曾經是美國哥倫比亞廣播公司（CBS）的新聞主播，他的一則報導，結束了美國麥卡錫時期所掀起的白色恐怖。來自密蘇里州的參議員麥卡錫，在一九六〇年代美蘇冷戰時期提出，共產黨不在蘇聯，而是窩藏在美國本土，在政界、在工會、在學術界、在企業界、在好萊塢。

正當美國朝野上下都懼怕被麥卡錫指控與共產黨或社會主義有關的恐怖時期，愛德華・默若以他的新聞節目《See it Now》挑戰麥卡錫無端的指控。愛德華・默若說出人們想說而不敢說的話，麥卡錫的謊言與假面被戳破了。《See it Now》的麥卡錫專題播出以後，麥卡錫就消失在美國輿論之中。兩年後，麥卡錫在家鄉酗酒死亡，結束美國的白色恐怖時期。

我在觀看愛德華・默若的紀錄片之際，流下眼淚來。那個紀錄片是著名的新聞節目《六十分鐘》（60 Minutes）的特別報導，由知名主播丹拉瑟（Dan Rather）主持，片名叫做「當世界顫抖」（When the World Trembles），每個重要的新聞主播都在該節目中敘述愛德華・默若對他們的影響。在那個人人自危的時代，一個新聞記者敢挑戰不合理的權勢。愛德華・默若留下的典範是：當世界疑惑，新聞主播給予解答；當世界恐懼，新聞主播給予希望；當世界傷痛，新聞主播給予撫慰陪伴。這是新聞主播的靈魂。愛德華・默若的精神，貫穿我之後所有的新聞製作。

一九九五年我在美國南加大安南柏傳播學院研究所（The Annenberg School for Communication at USC）畢業後，回到臺灣。一開始在超級電視臺（Super TV Station）製作、主持《調查報告》節目；我投入《調查報告》節目的確延續了我在美國所孺慕到的新聞靈魂，愛德華・默若（Edward Murrow）、資深主播華特・克朗凱（Walter Cronkite）、《六十分鐘》主持人麥克・華萊士（Mike Wallace）、Ted Copple 等。《調查報告》節目的監製張照堂先生具備卓越的美學與敏銳的思考，總裁岑建勳是新聞人出身，在他身上可以嗅到濃烈的新聞熱情與社會正義，這些前輩讓我獲益良多。當時四位共同製作人——林樂群、曹文傑、黃明偉，都是志同道合的新聞紀錄片工作者。《調查報告》挑戰當時所有的敏感議題，包括軍中人權、司法人權、同志權利、核能安全，以及蔣介石時代發展原子彈的企圖等等。

這節目沒有旁白，只有受訪者自己口述，觀眾可以直接感受當事人的心聲、情感與想法。

《調查報告》為當時的新聞報導樹立新的敘事風格，它的攝影美學在張照堂先生的指導下也獨樹一格。《調查報告》做了一年多就停播了，原因是因為經費很高。雖然如此，《調查報告》於一九九六年獲得有線電視金鐘獎最佳新聞節目；一九九七年我也被提名金鐘獎最佳新聞節目主持人；並於同年入圍美國國際艾美獎（Emmy Award International）。離開《調查報告》節目，我擔任短暫的專案新聞中心主任，與我文化界的偶像《當代雜誌》創辦人與總編輯金恆煒先生短暫地共事。

過幾天，超級電視臺總裁蘇源強先生（Raymond So）讓我去他的辦公室擔任特別助理，我第一次涉入電視臺管理。Raymond 是英國長大的華人，是美國華爾街成功的投資銀行家，入主超級電視做了許多改革。我從他身上看到用人的哲學與如何界定企業的方向；如何運用內外資源推動組織改革。與 Raymond 共事以英文交談為主，對我而言很能適應，他的西式領導風格讓我非常欣賞，很感恩他的知遇之恩與賞識之情。他待我如親弟弟，給我很多領導管理的智慧，這無疑是我在南加大（USC）學習傳播管理的試煉場。後來Raymond選擇回到加拿大溫哥華與家人在一起，並繼續他的投資事業。他要我舉家搬離臺灣，移民加拿大溫哥華，加入他的團隊，一起從事企業與投資；當時臺灣電視公司也邀我加入。幾經考慮後，我決定繼續從事新聞工作，因為我知道，賺錢不能驅動我，我希望的是能創造社會的影響力。

於是，我在一九九七年四月加入台視新聞部，廖蒼松先生帶領我進了台視。「廖桑」是我們對他的尊稱，像許多新聞夥伴一樣，廖桑是大家的恩師、導師。在廖桑與顧安生先生的安排下，我主持製作《大社會》節目。在將近四年的時間，我採訪數百位社會各階層的人士。我過去跑過立法院，跑過政治與政府新聞，而《大社會》節目給我全然接觸社會底層的機會，見證社會中隱藏的堅韌與生命。

本書所節錄的多半是《大社會》節目中的受訪者。那些經歷人生的重大挫折與考驗，或默默為社會做出奉獻的人，以及超越自我生命障礙的勇者，都是我報導的故事。這是我見證生命的契機，是新聞的知見與慈悲的啟蒙。我主持、製作《大社會》節目的第三年（一九九九年），《大社會》節目榮獲電視金鐘獎最佳新聞節目。

二〇〇〇年我加入中天電視，吳戈卿總編輯邀請我擔任主播及負責新聞節目製作中心。我在中天多半的時間都在臺內處理新聞、播報新聞。一直想重新製作一檔新聞節目，但是因緣一直不足。我一直感念吳戈卿先生，他是我的好兄弟，好兄長。我們的友誼一直延續到我加入慈濟，直到他二〇一八年突然離世，當時我正在英國劍橋大學訪學，聽到他的離去，很不捨與傷感。

二〇〇二年，在證嚴上人多次的感召，我回到了慈濟世界。早在一九九〇年，我在中視主持晨間新聞之際，在慶方的引薦下我皈依了證嚴上人。在十多年間與慈濟斷斷續續的因緣中，我與證嚴上人的因緣一直很深。回到慈濟，我銜命走訪世界各國，製作《清水之愛》世界骨髓移植的紀錄片。在〈西雅圖天空的一抹雲〉一文中我有詳細的敘述。《清水之愛》可以說為我十多年的新聞傳播生涯劃下句點。感恩本紀錄片獲選為國際艾美獎亞非地區最佳新聞紀錄片的殊榮。

在我傳播生涯另一段重要的事蹟，是尋找「一灘血」。在尋找「一灘血」中，我見證了當年一位在花蓮豐濱難產的原住民婦女，在生第三胎的時候，生了三天難產，族人從清晨抬著她，走了八小時，到達鄉鎮的一間診所，因為繳不起保證金，未獲診治，又抬了回去。在回程途中，母子雙亡。我與賴睿伶走訪花蓮豐濱部落，找到一灘血的見證人，採訪到當年抬著難產婦女到診所就醫的鄰居陳文謙；從陳文謙口中我們證實那位「一灘血」的難產婦女名叫「陳秋吟」，原住民名字叫做「理性」，意思是豐收的季節；戶政事務所登記「理性」的死亡原因，記載著一九六六年五月，「因生產引起意外之障礙」。「理性」的媳婦「林世妹」也跟我們敘說婆婆「理性」送醫未果的過程。我們也拜訪了「理性」的妹妹李烏吉（過繼給李家為養女），她敘述當日清晨三點多，目送姊姊「理性」被族人抬去就醫的情景。

我與賴睿伶及攝影師，從南澳，到花蓮豐濱，到臺東金峰鄉，走訪部落，了解當年原住民的醫療困境，包括這「一灘血」的故事，製作成一部紀錄片《翻山越嶺的愛》，於二〇〇二年九月於中天電視臺播出。在〈山與海的交界〉以及〈翻山越嶺的愛〉兩篇文章中，我把從製作完成紀錄片，到隨後接續長達一年多的訪談與查證的資料，以文學的筆觸，把當年「一灘血」的經歷與事蹟忠實地呈現出來。

陳文謙與林世妹在過去幾年相繼過世。他們一直是我的好友，因採訪而相識，因相惜而感恩。「理性」的墓當年因開路被剷平了，我們與她的家人，「理性」的妹妹李烏吉的女兒張玲女士，在豐濱新社村把「理性」的墓重新建起來。誰會知道，當年一位難產婦女的苦難，造就了千千萬萬為世界苦難人不斷付出的志工行列；這是慈濟歷史一段重要的源頭；這是小人物與大時代不可思議的因緣。

每一次的採訪都為我的心靈開了一扇窗，從他們身上我看到人類生命不朽的榮光。讓我謹以謙卑與感恩的心情，謳歌這些與我「在生命中相遇」的勇者！

作品出處年表

※〈一個詩人的誕生〉：本文主要內容為台視《大社會》節目之採訪，該集節目〈討海尋鯨夢〉播出於一九九八年八月二十七日。本文初稿寫於二〇〇〇年，二稿於二〇〇五年完成。

※〈她輕柔如鵝毛〉：本文主要內容為台視《大社會》節目之採訪。該集節目播出於一九九九年一月四日。二〇〇〇年崔小萍導播獲國家冤獄賠償。崔小萍導播於二〇一七年辭世，享壽九十四歲。本文完稿於二〇〇四年。

※〈山與海的交界〉：本文出自《翻山越嶺的愛》之紀錄片，完成於二〇〇四年，於《翻山越嶺的愛》播出後兩年，以文學筆調，重述與重建原住民難產婦女理性就醫的過程。

※〈翻山越嶺的愛〉：本文出自《翻山越嶺的愛》之紀錄片，採訪對象包括：難產婦女理性之先生潘宛老的好友陳文謙（阿美族、耶穌會信徒）、理性的媳婦林世妹（阿美族）、理性的妹妹李烏吉（過繼李家領養）、余相來（鎮里居民、診所病患）、李滿妹（鎮里居民、診所病患）。

※〈嗅出家鄉的人〉：本文主要內容為台視《大社會》節目之採訪。該集節目播出於二〇〇〇年七月二十二日。本文完稿於二〇〇四年。

※〈生之海〉：本文主要內容為台視《大社會》節目之採訪。該集節目播出於一九九七年十二月十八日。本文完稿於二〇〇五年。

※〈我選擇坐牢〉：本文主要來自超級電視臺《調查報告》節目，該集節目名稱〈我選擇坐牢〉於一九九六年播出。《調查報告》節目監製為張照堂，共同製作人：林樂群、王明偉、曹文傑、何日生。主持人：何日生。

※〈曝光〉：本文主要內容為台視《熱線新聞網》節目之採訪。〈為什麼是我？〉節

目播出於一九九七年十一月十三日。本文完稿於二〇〇九年。

※〈沒有歲月的河〉：本文出自台視《大社會》節目之採訪。本集節目〈髮絲萬丈憶亡女〉於一九九七年十二月十一日播出。本文初稿寫於二〇〇〇年，二稿於二〇〇五年完成。

※〈祖靈的孩子〉：本文主要內容為台視《大社會》節目之採訪。〈祖靈的孩子〉節目播出於二〇〇〇年六月十日。本文完稿於二〇一一年。

※〈躍升的鳳凰〉：本文主要內容為台視《大社會》節目之採訪。該集節目播出於一九九七年十二月四日。本文完稿於二〇〇四年。

※〈童年的封印〉：本文主要內容為台視《大社會》節目之採訪。該集節目播出於一九九八年三月十九日。本文初稿寫於二〇〇一年，二稿完成於二〇一一年。

※〈洞穴裡的光〉：本文主要內容為《人醫心傳》第四十期社論。該期雜誌出刊於

二〇〇七年四月。

※〈伊瑩的恩典〉：本文主要內容為《伊如陽光》推薦序。該書出版於二〇二〇年七月。

※〈西雅圖天空的一抹雲〉：本文主要內容為大愛電視臺《清水之愛》紀錄片之採訪。該紀錄片播出於二〇〇四年三月十九日。本文完稿於二〇二一年。

一個詩人的誕生：對他者的生命敘事

2022年6月初版 定價：新臺幣320元

著者	何日生
叢書編輯	黃榮慶
校對	吳瑞祥
	潘貞仁
內文排版	王君卉
封面設計	兒日

出版者	聯經出版事業股份有限公司
地址	新北市汐止區大同路一段369號1樓
叢書編輯電話	(02)86925588轉5307
台北聯經書房	台北市新生南路三段94號
電話	(02)23620308
台中辦事處	(04)22312023
台中電子信箱	e-mail：linking2@ms42.hinet.net
郵政劃撥帳戶第0100559-3號	
郵撥電話	(02)23620308
印刷者	文聯彩色製版印刷有限公司
總經銷	聯合發行股份有限公司
發行所	新北市新店區寶橋路235巷6弄6號2樓
電話	(02)29178022

副總編輯	陳逸華
總編輯	涂豐恩
總經理	陳芝宇
社長	羅國俊
發行人	林載爵

行政院新聞局出版事業登記證局版臺業字第0130號

本書如有缺頁，破損，倒裝請寄回台北聯經書房更換。 ISBN 978 957-08-6259-1 (平裝)
聯經網址：www.linkingbooks.com.tw
電子信箱：linking@udngroup.com

國家圖書館出版品預行編目資料

一個詩人的誕生：對他者的生命敘事/何日生著．
初版．新北市．聯經．2022年6月．224面．14.8×21公分
ISBN 978-957-08-6259-1（平裝）

1.CST：人物志 2.CST：傳記 3.CST：採訪

781 111003735